VAI SER BOM

PRO SEU DESENVOLVIMENTO

Bruna Vinco

VAI SER BOM

PRO SEU DESENVOLVIMENTO

BRASPORT

Rio de Janeiro
2024

Editor: Antonio Muniz

Operação Editorial: Monaliza Rosario

Produção Editorial: Marina dos Anjos Martins de Oliveira

Editoração Eletrônica: Gleyce Roberta

Capa: Rinaldo Mickus

Dados Internacionais de Catalogação na Publicação (CIP)
(Câmara Brasileira do Livro, SP, Brasil)

Vinco, Bruna
Vai ser bom pro seu desenvolvimento! : reflexões para uma liderança menos solitária / Bruna Vinco. -- Rio de Janeiro : Brasport Livros e Multimídia, 2024.
ISBN 978-65-6096-037-4
1. Autoconhecimento 2. Liderança 3. Carreira profissional - 4. Desenvolvimento pessoal 5. Desenvolvimento profissional 6. Sucesso nos negócios I. Título.

24-225124 CDD-658.4038

Índices para catálogo sistemático:

1. Desenvolvimento pessoal e profissional : Liderança : Administração 658.4092

Eliete Marques da Silva - Bibliotecária - CRB-8/9380

BRASPORT Livros e Multimídia Ltda.
Rua Washington Luís, 9, sobreloja – Centro
20230-900 Rio de Janeiro-RJ
Tel./Fax: (21)2568.1415
e-mails: marketing@brasport.com.br
vendas@brasport.com.br
editorial@brasport.com.br
www.brasport.com.br

“A liderança é um trabalho diário, contínuo, muitas vezes solitário, e deve ser praticado diariamente. Nem todos os dias serão um sucesso.”

DEDI
CATÓ
RIA

Dedico este livro àqueles cujo amor, apoio e compreensão sempre foram minha âncora nos momentos de tempestade. Àqueles que me ensinaram o verdadeiro significado da união e da resiliência, esta obra é dedicada com gratidão infinita. Que cada página deste livro seja um tributo ao vínculo inquebrável que compartilhamos e um lembrete do amor que nos une, não importa a distância ou os desafios que possam surgir.

Com todo o meu amor e gratidão, esta dedicação é para vocês, minha amada família (Buscapé) e meus amigos (quem é sabe).

PS: Pareço legal, mas só dediquei à minha família porque ela é gigante. Para vocês terem noção do tamanho dela, se cada membro comprasse um exemplar, meu livro seria um *best-seller*. Vó Lenir, eu sei que você não poderá comprar, mas dedico a você também.

Este livro também contou com a colaboração da minha amiga Aline Severo, que me deu suporte na parte técnica e na primeira revisão do texto; da Adriana Urahata, minha parceira na minha transformação pessoal e na adaptação deste livro para *podcast*; do Felipe de Figueiredo, que sempre consegue transformar minhas ideias em arte; e do Thiago Borin, com quem compartilho meus devaneios em série – muitas das reflexões que fazemos juntos estão presentes aqui.

PREFÁCIO

Conhecer a Bruna é testemunhar a personificação da liderança em ação. Ao longo desses dez anos de convivência profissional, aprendi que sua trajetória não é apenas sobre títulos ou cargos, mas sobre sua transformação pessoal e consequentemente sobre o impacto das pessoas a sua volta.

A Bruna possui uma carreira notável e foi essa dedicação e experiência que a levaram a criar este livro, *Vai ser bom... pro seu desenvolvimento*. Ela entende que a liderança vai além da gestão de processos e resultados; é sobre conhecer a si mesmo, entender sua equipe e construir um ambiente de confiança e crescimento mútuo. Este livro é uma jornada guiada por reflexões profundas e ferramentas práticas, desenhadas para preparar futuros líderes para enfrentar os desafios do mundo corporativo com coragem e empatia.

Nossa missão é cultivar um espaço de aprendizado e suporte onde compartilhamos experiências e promovemos a reflexão individual sobre os desafios no ambiente de trabalho. Acreditamos que, embora a mudança possa ser coletiva, a verdadeira transcendência acontece através da jornada pessoal de cada indivíduo.

Neste livro, Bruna compartilha seus conhecimentos com generosidade e clareza. Ela aborda temas essenciais como autoconhecimento, mapeamento de equipe, definição de objetivos, liderança em tempos de crise, *feedback* individual, equilíbrio entre vida pessoal e profissional e carreira internacional. Cada capítulo é uma oportunidade de crescimento e desenvolvimento.

Bruna Vinco é uma líder admirável, e sua paixão por fazer diferente reflete-se em cada página deste livro. Espero que você, caro leitor, encontre aqui não apenas *insights* valiosos, mas também a motivação para se tornar (ou não) o líder que sempre aspirou ser.

Com carinho e admiração,

Adriana Uharata

Bruna Vinco

Quem sou eu? Essa pergunta, embora simples, é difícil de responder. Ao longo da vida, frequentemente me defini através dos meus cargos, experiências profissionais ou das empresas para as quais trabalhei. No entanto, percebo que sou muito mais do que isso. A verdade é que me orgulho imensamente de quem me tornei, mas, ao mesmo tempo, reconheço que não sou excepcional. Então, quem sou eu de fato?

Primeiramente, sou Bruna Pastori Vinco, sobrevivente dos anos 90, nascida no interior de São Paulo, em Limeira. Embora tenha raízes brasileiras, meu espírito pertence ao mundo, e hoje moro onde o vento e as oportunidades me levam. Cresci em uma família pobre, mas sempre tivemos o básico: comida na mesa e um teto sobre nossas cabeças (apesar de que houve uma vez em que fomos despejados, mas minha família é grande e nos acolheu. Não foi muito legal na época, mas, veja bem, ficou bonito na minha biografia).

Meus pais sempre deram prioridade à educação, e tive a sorte de estudar nas melhores escolas públicas da minha cidade. A educação se tornou um dos meus valores fundamentais, e eu sou a pessoa irritante que faz aulas de alemão por hobby. Embora nunca tenha sido a melhor aluna, sempre fui a melhor em não deixar as oportunidades passarem. Se uma oportunidade não surgisse, eu a criava.

Durante minha adolescência, tivemos períodos financeiros mais favoráveis, mas quando chegou o momento de eu fazer faculdade, as coisas estavam difíceis de novo. Utilizei todas as políticas públicas disponíveis, como o ProUni e o FIES, para conseguir me formar. Em um determinado período eu trabalhava de madrugada em uma cidade, fazia estágio obrigatório gratuito em outra cidade e estudava em uma terceira. Eu dormia apenas nos trajetos e horários de refeição. Um dia, em um fim de semana, estava chorando devido à exaustão mental e física, e meu pai me disse que eu podia desistir. Eu fiquei perplexa porque, sim, estava "chocha, capenga, manca, anêmica, frágil e inconsistente", mas eu nunca havia pensado em desistir. Acreditava que essa era minha única chance de realizar meus sonhos e sair do interior, que eu sentia ser pequeno demais para quem eu queria ser (mas, olhando para trás, é muito bom ter alguém para me lembrar que essa também era uma opção).

Mudei-me para a capital, onde meu novo emprego exigia o inglês. Apesar de ter estudado em boas escolas, sabemos a realidade das escolas públicas, logo meu conhecimento de inglês era básico. Então, estudei insanamente, minha irmã me ajudou a pagar uma escola de inglês, e investi tudo o que tinha para aprender a língua. Com 25 anos, juntei o dinheiro que tinha e não tinha e viajei para um lugar onde só se falava inglês para testar meus conhecimentos. Eu queria ganhar mais, então meu objetivo era ter um cargo de gestão. Tornei-me coordenadora aos 26 anos, fiz uma entrevista para trabalhar no exterior e supreendentemente passei para ser gerente na Alemanha aos 30. E, aos 34, fui indicada para ser diretora de uma grande multinacional nos Estados Unidos. Olhando para trás, sinto um imenso orgulho da minha trajetória e do que conquistei, especialmente considerando que há nove anos eu mal falava inglês.

No entanto, essa trajetória não foi isenta de sacrifícios. Morei em repúblicas, dividi comida com colegas e acumulei dívidas. Passei muito medo caminhando por lugares perigosos usando transporte público de madrugada. Fiz muitos sacrifícios pessoais e profissionais, trabalhando durante feriados e finais de semana. Essa experiência, embora difícil, fortaleceu minha resiliência, adaptabilidade e maturidade. Não quero romantizar o sacrifício; na verdade, espero que ninguém precise passar pelo que eu passei. No entanto, minha experiência moldou a pessoa que sou hoje.

Além das minhas conquistas profissionais, o que mais me orgulho é de quem me tornei como pessoa. Eu tinha tudo para ser insuportável: era extremamente ambiciosa, com dificuldades para lidar com os outros. A liderança na minha carreira me ensinou que nada se move sem as pessoas, e a busca para melhorar como chefe me tornou uma líder mais empática e uma pessoa melhor. Minha mãe me ensinou a não desejar o que é do outro, a dar o meu melhor que as oportunidades iriam me encontrar. A terapia (um beijo para minha psicóloga Lilian!) e meus mentores me mostraram que o trabalho é apenas um dos pilares da vida, e que eu posso ser uma profissional, amiga, parceira e um bom ser humano. E a vida, de fato, é muito melhor assim!

Ah, tem a parte mais "chata": sou Técnica em Química, graduada em Farmácia, com pós-graduação em Gestão Estratégica de Produção e MBA em Gestão Estratégica e Econômica de Projetos. Sou também empresária, fundadora de duas empresas no Brasil e criadora do *podcast* "Vai ser bom". Profissionalmente, me apresento como empresária, escritora, *podcaster* e líder – em resumo, sou uma pessoa multiúso.

Sou organizada e estruturada, mas, às vezes, quando estou cansada, jogo tudo pro alto. Eu me acho incrível, mas não melhor do que ninguém, reconheço minha insignificância frente à vastidão do universo, sou contraditória e meu pensamento geralmente avança mais rápido do que minhas palavras. Sou apaixonada por fazer a diferença e por viver novas experiências; estou sempre buscando algo novo entre estudar francês, aprender a tocar violino ou fazer uma aula de surfe. Adoro livros, café, viajar e impactar positivamente as pessoas que cruzam o meu caminho!

E você? Quem é você?

APRESENTAÇÃO

Querido leitor,

Dizem que toda pessoa deve plantar uma árvore, ter um filho e escrever um livro. Confesso que nunca concordei com tal afirmação, afinal, não existe uma lista a ser cumprida para ser feliz ou deixar um legado. Cada indivíduo deve avaliar o que deverá conter na sua lista, ou se deverá ter uma lista. Porém, é inegável a minha satisfação ao começar a escrever este livro e o sentimento de que estou deixando, de alguma forma, uma pequena marca neste mundo e, mais que isso, a minha coragem de me expor, de tirar do papel um projeto de anos atrás e de realizar um desejo de infância: ser escritora. Colocar no papel todas as minhas experiências, frustrações e sucessos me faz perceber que cada desafio superado valeu muito a pena. Além de, é claro, poder contribuir para que cada vez mais pessoas deixem de ser chefes e se tornem líderes genuínos de uma maneira menos dolorida e solitária.

Eu sou uma leitora incansável de livros sobre negócios, liderança e autoconhecimento. Porém, vi a necessidade de um material que trouxesse menos fórmulas para o sucesso e mais reflexões sobre a realidade do dia a dia, que não fizesse parecer que ser um líder é algo que você lê, aprende o passo a passo e então se torna.

Mas então você deve estar se perguntando: no que este livro se difere dos demais? Bom, a ideia aqui é apresentar experiências reais de desenvolvimento pessoal e desafios na liderança para as pessoas que estão entrando nos cargos de gestão ou para aquelas que começaram de forma não tão positiva. Além disso, quero humanizar o líder. A liderança é um trabalho diário, contínuo, muitas vezes solitário, e deve ser praticado diariamente. Nem todos os dias serão um sucesso; nós, líderes, também temos problemas pessoais, também temos nossas dúvidas, inseguranças e, na maior parte do tempo, estamos cansados. Isso é normal. Não se espera que sejamos heróis todos os dias, mas é esperado, sim, que, a partir do momento que você está liderando pessoas, busque a sua evolução e a do time diariamente. E que, se falharmos, assumamos o erro e, no outro dia, tentemos fazer melhor novamente.

Como escreveu o filósofo e professor Mario Sérgio Cortella no livro *A sorte segue a coragem!* (2018), a vivência é intransferível, não podemos aprender com a vivência do outro, mas podemos aprender com a experiência por ela relatada. Sendo assim, desejo a você uma ótima leitura e muita reflexão! E não se esqueça de que "vai ser bom... pro seu desenvolvimento".

Bruna Vinco

"Nós, líderes, também temos problemas pessoais, também temos nossas dúvidas, inseguranças e, na maior parte do tempo, estamos cansados. Isso é normal"

SU MÁ RIO

Vai ser bom pro seu desenvolvimento!

"Não se espera que sejamos heróis todos os dias, mas é esperado, sim, que, a partir do momento que você está liderando pessoas, busque a sua evolução e a do time diariamente. E que, se falharmos, assumamos o erro e, no outro dia, tentemos fazer melhor novamente."

CAPÍTULO 1

Líder de primeira viagem: desafios e descobertas

Chegou aquele dia tão esperado (ou às vezes pode ser até inesperado): você assumiu um cargo de gestão de pessoas. Logo, você passa a ser um líder, certo? Errado. Um chefe não necessariamente é um líder e um líder não necessariamente possui um cargo de gestão. O chefe pode achar que gerencia as pessoas, mas, na verdade, apenas atividades são gerenciáveis; pessoas são influenciadas a trabalhar por um objetivo comum. Segundo o Dicionário de Oxford, a definição de líder é:

1. Indivíduo que tem autoridade para comandar ou coordenar outros.
2. Ou pessoa cujas ações e palavras exercem influência sobre o pensamento e comportamento de outras.

O líder conduz as pessoas e as inspira, mostra o caminho a ser trilhado e vai junto. Mas agora você não sabe por onde começar. Você, como a maioria das pessoas, não teve um treinamento adequado ou não foi preparado para esse momento, e agora vai ter de acordar um líder.

Quando um profissional é promovido a uma posição de liderança, surgem com o novo título novas responsabilidades e novos desafios: como inspirar uma equipe, superar metas e alcançar em conjunto os resultados almejados pela empresa. E nem sempre esses líderes ascendentes são devidamente preparados para a jornada que têm pela frente.

Uma liderança despreparada tem impacto não só na empresa, mas também na vida das pessoas. Uma pesquisa realizada em 2023 pela Oji Life Labs (OJI EDITORIAL STAFF, 2023), em parceria com a Harris Research, conduzida com 897 colaboradores que foram liderados por um chefe de primeira viagem, revelou alguns pontos cruciais sobre o impacto dos novos líderes despreparados nas equipes e nas empresas:

- **Estresse e ansiedade:** quatro em cada dez funcionários sentem estresse ou ansiedade ao trabalhar com líderes de primeira viagem, com um terço deles perdendo a motivação e um em cada cinco tendo dificuldades para dormir. Se você ainda não se deu conta do impacto de um líder na vida de uma pessoa, essa pesquisa está aqui para lhe dar uma amostra grátis: as pessoas podem ter dificuldade para dormir porque você não está preparado para ser um líder!
- **Desejo de sair da empresa:** mais de um terço dos funcionários consideram deixar suas empresas devido à má gestão dos novos líderes. Isso evidencia os altos custos que a empresa enfrentará com treinamento e realocação de recursos devido a essa falta de preparo.
- **Lacunas de habilidades:** muitos novos líderes são avaliados negativamente em habilidades essenciais, como reduzir conflitos, lidar com situações difíceis, fornecer *feedback* de qualidade, conduzir reuniões produtivas e tomar decisões. Quatro em cada dez trabalhadores classificam esses gerentes como fracos.
- **Impacto em funcionários mais velhos e mulheres:** trabalhadores mais velhos são os mais críticos em relação às habilidades dos novos líderes. Para as mulheres, os gestores de primeira viagem têm um impacto negativo ainda maior, com quase metade de todas as mulheres sentindo estresse ou ansiedade ao trabalhar para um gestor iniciante. Isso as torna substancialmente mais propensas do que os homens (40% *versus* 29%) a sair de suas empresas.

A especialista Linda Hill, da Harvard Business School, observa que a falta de treinamento para novos líderes, muitas vezes promovidos com base na filosofia "afundar ou nadar", compromete a produtividade e a agilidade das equipes (OJI EDITORIAL STAFF, 2023). Confesso que já ouvi muito essa frase e algumas vezes repeti: "ou nada ou afunda", mas aqui fica um ponto de reflexão: precisa ser assim?

Matt Kursh, cofundador e CEO da Oji Life Lab, comparou a promoção de novos líderes sem treinamento à expectativa de que cirurgiões ou pilotos aprendam no trabalho (OJI EDITORIAL STAFF, 2023). Ele destacou que essa falta de preparação leva a equipes ansiosas e propensas a querer sair, devido à inexperiência dos líderes em áreas críticas como tomada de decisões, comunicação eficaz e treinamento de equipe.

Resumindo, uma liderança despreparada pode gerar:

- perda de talentos;
- impacto nos resultados da equipe;
- falta de motivação e engajamento da equipe com a organização;
- sobrecarga de trabalho da liderança, como consequência da dificuldade em delegar tarefas.

Três em cada dez trabalhadores de todos os gêneros sentiram que trabalhar para um gestor de primeira viagem teve um impacto negativo nas suas relações, tanto no trabalho quanto em casa.

Isso deixa ainda mais clara a importância de se preparar o mais rápido possível quando se assume um cargo de gestão. Na verdade, isso deveria ser uma preocupação das empresas, porém a realidade é que quase sempre é cada um por si.

Bom, já que maturidade é contar a história completa sem pular a parte em que você também erra, vou narrar um pouco da minha história. Eu era analista pleno em uma empresa multinacional e tinha metas ambiciosas, para não dizer absurdas. Quando era estagiária, com 21 anos, eu disse para mim mesma: "vou ser coordenadora com 25 anos!". No ramo em que eu estava, era preciso ser estagiária, analista júnior, pleno, sênior e às vezes até supervisora antes de virar coordenadora. Mas eu estava certa de que em menos de cinco anos chegaria lá.

Para isso, comecei a estudar, fiz pós-graduação, MBA (vai que aparece uma vaga de gerente no futuro, né?) e, mais que isso, comecei a me aperfeiçoar tecnicamente na minha área. Mas eis que se aproximava o meu aniversário de 26 anos e bateu um desespero: COMO ASSIM EU NÃO ERA COORDENADORA??? Eu estudei, via várias pessoas que eram coordenadoras e que julgava não merecerem (quem nunca fez esse julgamento que atire a primeira pedra), me considerava boa no que fazia, mas ainda era pleno... faltavam tantos passos para alcançar a tão sonhada posição...

Em meio a essa mistura de angústia, raiva e lágrimas, ouvi uma frase que jamais esquecerei de um colega meu, que era coordenador de uma empresa. Ele me disse: "por que você quer tanto um cargo de gestão? Não é legal, é muito difícil lidar com pessoas e é muito estressante". E eu, revoltadíssima, quase gritei: PORQUE EU QUERO!! Eu queria ter a experiência para, pelo menos, poder falar se foi ruim ou não. E me lembro até hoje dele falando: "você não precisa cair em um buraco para saber que era um buraco".

Hoje, relembrando essa cena, tiro algumas conclusões. Naquela época, eu queria estar num cargo de gestão apenas pelo dinheiro, pelos privilégios e pelo poder, e não pelas pessoas (zero orgulho da minha versão do passado). E essa é a maior burrada que alguém pode fazer. Sim, é verdade que você não precisa cair no buraco para saber que é um buraco, mas eu sou uma pessoa que, se você me falar que qualquer coisa é ruim (por exemplo: um livro, um filme, uma comida ou lugar), eu vou querer experimentar mesmo assim para EU poder falar que foi ruim. As experiências e percepções variam tanto de pessoa para pessoa, momentos das vidas, fatores extrínsecos e intrínsecos, que a gente não pode limitar nossas experiências à opinião dos outros.

Porém, não precisamos cometer os mesmos erros ou ir despreparados. Acho que, se eu tivesse tido uma conversa mais profunda sobre erros e acertos com alguém que fosse uma referência em liderança, talvez eu tivesse apanhado um pouco menos quando fui líder pela primeira vez.

No geral, há uma tendência de florear os cargos de gestão: não precisa mais bater ponto (o que você só descobre que é uma cilada quando faz milhões de horas extras de graça), salários maiores etc. Mas não é bem assim que funciona. E se você acha que eu estou escrevendo isso para fazer você desistir de ser um gestor, não é isso. Eu só quero que você esteja preparado para o que vai vir ou que se identifique, caso tenha passado ou esteja passando por isso. Afinal, isso é a liderança real.

Quando assumi o cargo de gestão em uma empresa diferente, eu tinha total convicção de que, tecnicamente, estava apta. Cheguei lá tratando todos como robôs, não considerei cultura, emoções, nem o fato de que todos estavam sensíveis porque a empresa tinha acabado de ser adquirida. Não levei em conta que teria de ganhar a confiança deles, além da minha expectativa de que todos fossem como eu. E, de verdade, seria um inferno trabalhar em um departamento só com gente igual a mim. Bem, lá estava eu com 15 analistas carentes, desmotivados, desconfiados, em uma empresa onde o RH não dava a mínima para os funcionários e em um setor totalmente desestruturado. E o que eu fiz? Ia para casa e chorava copiosamente à noite. Se você já fez isso, tudo bem, você não está sozinho!

Outro grande erro que cometi foi criticar tudo que tinha sido feito antes – novamente a arrogância. Nunca faça isso, sério. Quando você mudar de empresa ou departamento, seja paciente. Parafraseando Mario Sergio Cortella, as pessoas que estavam lá estavam fazendo o que podiam, na condição que tinham, e isso tem de ser respeitado.

Bom, voltando ao assunto: não se passaram nem dois meses que eu tinha assumido e eu já via que o ambiente estava péssimo, as pessoas me odiavam. Foi então que notei que, para os resultados virem, o importante era saber lidar com as pessoas. Foi aí que iniciei um acompanhamento com uma especialista em carreira e basicamente entendi que não era nem só sobre as pessoas. Eu era egoísta, carreirista e estava totalmente perdida na minha vida pessoal. Como parte do processo, claramente, eu precisava ajustar minhas expectativas, respeitar as pessoas e escutá-las.

Acredito que há pessoas que têm mais esse perfil de sentir os outros, saber como falar e escutar. Mas, para mim, isso era um grande desafio. Todo o processo de autoconhecimento foi muito doloroso, a mudança foi bem difícil e, inclusive, escutar alguém era um grande esforço para mim. No início, eu sentava, a pessoa falava e eu queria encerrar a conversa logo ou começava a pensar em outra coisa. Para não fazer isso, eu comecei a ter conversas internas como: "volta a atenção, escuta, não julga". Porque, de verdade, o mundo está caindo, você com um milhão de demandas, e vem uma pessoa na sua sala falar de alguma picuinha. A vontade é de dizer: "amada, vai caçar trabalho porque não tenho tempo para isso!". Mas, pouco a pouco, você entende que sim, isso é importante: escutar e orientar aquela pessoa. A longo prazo, faz uma enorme diferença. Novamente, isso que eu me forçava a fazer não era fingir, porque eu tinha a real intenção de melhorar nesse aspecto, mas era superdifícil.

Hoje é mais tranquilo. Nunca será para mim uma coisa natural, pois sou muito analítica, porém hoje não é um peso. Levo de boa esses momentos pelos anos de exercício.

Autoconhecimento, às vezes, dá preguiça...

Hoje se fala muito da importância do autoconhecimento, mas o que isso quer dizer? É só você se conhecer melhor, escutar as pessoas e tudo ficará bem? Isso vai facilitar sua trajetória, mas você nunca irá alcançar a perfeição. Quando se fala de autoconhecimento, vem essa visão romântica, e eu ouvi esses dias o Luiz Felipe Pondé dizendo em um vídeo no YouTube que o excesso de autoconhecimento pode levar à depressão. Achei cômico, triste e verdadeiro. Os livros de autoajuda (os quais amo, consumo muito e, olha a ironia, estou escrevendo um) às vezes são cruéis, porque passam a falsa ideia de que basta se conhecer melhor, escutar as pessoas, seguir uma receita de bolo e você terá um time de alta performance. Não vou mentir aqui: isso vai facilitar sua trajetória, mas você nunca irá alcançar a perfeição.

Até hoje, quando estou conversando com alguém e me percebo alterada, mentalmente penso no que estou sentindo, tento nomear o sentimento e penso: "certo, estou irritada. E por que estou irritada?". Fazendo esse exercício, já percebo se é porque estou com fome, com sede ou porque estou segurando o xixi há três reuniões. Às vezes percebo que essa irritação não é necessariamente com a pessoa ou com o assunto. Em casos extremos, peço cinco minutos para fazer o que preciso: beber algo, ir ao banheiro ou simplesmente respirar. Isso me ajuda muito e, confie, todo mundo vai te dar cinco minutos.

É claro que tem dias em que você não consegue ter essa conversa mental e acaba falando com grosseria. Quando isso acontece e depois você percebe, acho bem importante mandar uma mensagem ou falar com a pessoa diretamente: "desculpe a forma como falei. Eu poderia ter dito a mesma coisa, mas sem ser tão enfática. Eu estava irritada com outra coisa e isso não foi legal".

Isso é algo que faço com mais frequência do que gostaria? Sim, mas faz parte do processo. Quero ressaltar que nada, absolutamente nada, justifica você ser mal-educado ou cometer qualquer tipo de assédio. Se você fez isso, então deve pedir perdão e buscar terapia!

Eu não sou maratonista, embora gostaria de ser, mas gosto de fazer um paralelo: liderança não é um *sprint*, que é uma corrida de velocidade em curta distância, mas uma maratona. O que ouço muitos maratonistas dizerem é que concluir uma maratona é totalmente sobre preparo mental, bem parecido com a liderança, não é?

Reflita sobre por que você quer ser líder. Se já está na posição, não esqueça da responsabilidade e do impacto que você tem na vida de uma pessoa. Busque aperfeiçoamento. Não espere que isso venha da empresa. Se você está lendo este livro, já está fazendo isso. E se você está sentindo que está falhando, acolha-se, respire, literalmente respire, e lembre que a vida é aprendizado e intenção. É sempre importante pensar, ao tomar alguma ação, se você gostaria que seu chefe falasse e agisse com você como você está agindo com seus liderados. E, mais que tudo, conheça-se. Se você não souber seus valores e seus limites, a jornada fica muito difícil.

"As experiências e percepções variam tanto de pessoa para pessoa, momentos das vidas, fatores extrínsecos e intrínsecos, que a gente não pode limitar nossas experiências à opinião dos outros."

CAPÍTULO 2

Líderança com propósito ou de propósito?

O sol mal havia começado a colorir o horizonte quando Lilian, a CEO da empresa de tecnologia "Vai Ser Bom Pro Seu Desenvolvimento", subiu ao palco para dirigir-se à equipe na conferência anual da empresa. Seu rosto irradiava determinação e paixão enquanto falava sobre o propósito que impulsionava a organização e cada indivíduo dentro dela.

"Queridos colegas", começou Lilian, sua voz ecoando pelo salão, "hoje, mais do que nunca, quero falar sobre o poder transformador do propósito na liderança".

Os olhares atentos dos funcionários refletiam curiosidade e expectativa enquanto Lilian continuava sua explanação.

"Quando assumi a liderança desta empresa, não foi apenas para gerar lucro ou alcançar metas financeiras. Eu tinha um propósito mais profundo em mente: capacitar as pessoas, tornar o mundo um lugar melhor, mais conectado e mais acessível para todos. Esse propósito tem sido a bússola que orienta nossas decisões e ações a cada passo do caminho."

Lilian fez uma pausa, permitindo que suas palavras ressoassem na mente de cada ouvinte.

"Quando lideramos com propósito, não estamos apenas gerenciando equipes ou cumprindo tarefas. Estamos inspirando e motivando pessoas a se unirem a uma causa maior, a contribuir para algo que vai além de nós mesmos. É isso que torna nosso trabalho significativo e gratificante."

Ela fez uma pausa, deixando espaço para reflexão.

Corta...

Vai ser bom pro seu desenvolvimento!

Eu não sei você, mas eu trabalho na maior parte do tempo porque tenho contas para pagar mesmo. Esse tipo de discurso é tão poético e utópico. Durante meu processo de mentoria, eu ouvia muito essa palavra, "propósito", e até fora do ambiente corporativo essa é uma questão que as pessoas debatem muito: qual é o seu propósito? E o meu não tinha glamour nenhum. O propósito da minha vida é só viver, ué.

Bom, eu sei que ser simplista tira toda a magia da vida e deixa um certo vazio, então eu pensei: eu gosto da minha visão, mas se eu chegar para minha equipe e falar: "'Bora lá, time, vamos bater meta para ganhar dinheiro, porque a única certeza é a morte e o boleto no final do mês!" (pesei o clima, né?), eu certamente teria um time apático, zero engajado e, honestamente, eu mesma me desmotivaria e questionaria muitas vezes por que estou fazendo o que faço.

Durante muito tempo, eu fiz essa reflexão: parar, olhar no espelho e perguntar: "e aí, qual é o seu propósito?". Mas, depois de um tempo, saí chateadíssima com a resposta: "o meu propósito é ter dinheiro para viajar". Muitas pessoas têm vergonha de admitir que, na maior parte do tempo, estamos apenas focados em pagar contas.

Lendo um artigo da *Harvard Business Review* (CRAIG; SNOOK, 2014), descobri que pessoas com um propósito na vida são menos propensas a doenças, e que o propósito é cada vez mais apontado como a chave para navegar no mundo complexo, volátil e ambíguo que enfrentamos hoje, onde as estratégias estão sempre mudando e poucas decisões são obviamente certas ou erradas.

Então na minha busca por algo que fizesse sentido para mim, primeiro, e depois para falar à minha equipe, me deparei com o filme "Soul", da Pixar e Disney. O filme é uma jornada que explora o significado da vida e da paixão. A história segue Joe Gardner, um professor de música apaixonado por jazz que sonha em tocar no lendário clube de jazz *The Blue Note*. Quando finalmente tem a oportunidade de realizar seu sonho, um acidente o leva a uma jornada entre o mundo dos vivos e o além, onde ele encontra as almas em formação no "Pré-vida". Lá, Joe encontra 22, uma alma cética que se recusa a encontrar sua paixão e ir para a Terra (poderia ser eu). Durante o filme, Joe e 22 passam por uma jornada de autodescoberta, aprendendo lições sobre a importância da vida, da conexão humana e da busca pela felicidade.

Os filmes da Pixar têm essa mania de se disfarçar de animação para crianças, mas, na verdade, estão aí para dar lições de moral aos adultos. Eu já saquei, mas a cada lançamento, mentalmente, clico no "estou ciente e quero continuar". Após assistir, refleti bastante sobre identidade, propósito, paixão e a importância de apreciar os momentos simples da vida, além da complexidade da existência humana. Entendi que tudo bem eu não ter um propósito bonito ou grandioso. Meu propósito é ter vivências e também impactar positivamente a vida das pessoas que cruzam meu caminho, pois, quando consigo fazer isso, sinto uma sensação muito boa e de que minha passagem por aqui valeu a pena.

Propósito na liderança

Muitas vezes, associamos propósito a uma busca pessoal, mas os líderes também podem descobrir propósito em seu papel de guiar e inspirar outros, ou até mesmo um propósito específico para sua equipe. Eu assisti a um documentário na Netflix chamado *The Playbook: Estratégias para Vencer* (super recomendado para quem está liderando equipes), e em um dos episódios o treinador Doc Rivers disse que trouxe para a equipe um propósito definido em uma palavra, *ubuntu*, que significa "eu sou porque nós somos". Fiquei muito impactada por isso e sentei para pensar qual seria o propósito da minha equipe.

No meu processo, foi importante considerar o país em que estava, a cultura, os desafios que enfrentávamos e, mais importante, a cultura que eu queria construir dentro daquela equipe. Depois de definir esse propósito, comuniquei-o aos liderados e conectei-o ao trabalho que estavam fazendo. Não basta uma palavra solta; no momento da comunicação, é necessário fazer um bom *link* e a coisa toda ter sentido.

Uma visão clara e alinhada com valores significativos irá inspirar sua equipe a se engajar para trabalhar em prol de um objetivo comum. Não há nada mais triste do que trabalhar em um departamento ou empresa em que você não sabe qual é a meta e por que está fazendo aquele trabalho. Pagar boletos é importante, mas passamos no mínimo sete horas do nosso dia na empresa; para quem é empresário, então, já nem conta as horas para não chorar. Se não vemos valor no que estamos fazendo, claramente a desmotivação, o desânimo e talvez até outras consequências físicas e psicológicas baterão à nossa porta.

Embora encontrar e manter um propósito na liderança seja gratificante, na vida real sabemos que pode apresentar desafios. Os líderes podem se sentir pressionados a equilibrar o propósito com as demandas diárias ou as necessidades individuais dos membros da equipe. Por isso, é importante respirar fundo e garantir que o propósito continue a orientar as decisões e ações. Além disso, é fundamental ser você mesmo para que as coisas fluam naturalmente. Se você não gosta de quem você é, talvez precise voltar algumas casas antes de definir um propósito para a equipe.

Para descobrir meu propósito, refleti bastante sobre o que me fazia sentir bem, quais eram meus verdadeiros desejos e tive muitas conversas com mentores e minha terapeuta. Isso é bem importante, pois é difícil as pessoas identificarem sozinhas seu propósito, já que é complicado ter uma imagem clara de si mesmo sem amigos de confiança ou profissionais que atuem como espelhos. Mas um exercício para iniciar a reflexão é responder às seguintes perguntas:

1. O que você gostava especialmente de fazer quando era criança, antes que o mundo lhe dissesse o que deveria ou não gostar ou fazer?
2. O que você gosta de fazer em sua vida agora?
3. Se você não tivesse que se preocupar com dinheiro, com fracasso e julgamento alheio, o que gostaria de fazer?

Se você não estiver a fim de uma reflexão tão profunda, invente sua maneira de engajar a equipe para um objetivo comum. O mais importante é escolher um propósito que faça sentido para você. Ao conectar suas ações com uma visão maior, você criará um senso de significado tanto para si quanto para sua equipe. Não será difícil manter o propósito se isso fizer parte do que você acredita.

Eu trabalhava em uma empresa que fazia produtos para pessoas que precisavam de cuidados intensivos. Tenho uma tia que teve câncer e, quando eu ia trabalhar, pensava: "eu preciso fazer esta equipe produzir o melhor produto, liberar para o mercado rapidamente e com a melhor qualidade, porque há muitas tias Dulci que podem precisar dele". Aquele ser humano que acordou sem propósito de repente entendeu que tudo nessa vida tem um propósito, e que só fará sentido se for verdadeiro. Assim, o propósito da minha equipe tornou-se *Ikigai*.

O *Ikigai* é um conceito japonês que traz o significado literal de "razão de ser" ou "razão de viver". É um termo que descreve a razão pela qual alguém se levanta da cama todos os dias, ou seja, sua motivação para viver. A palavra *Ikigai* é a combinação de duas palavras japonesas: *iki*, que significa vida, e *gai*, que significa valor. De acordo com a cultura japonesa, todos nós possuímos um *Ikigai*, ou seja, um propósito de vida. É sobre encontrar alegria e significado em cada momento, mesmo nas atividades mais simples.

Para descobrir o seu *Ikigai*, comece por algo simples, como beber uma xícara de café pela manhã. A ideia é que, ao encontrar algo que dê sentido à sua vida, você se manterá motivado e desfrutará de uma existência longa e feliz. O *Ikigai* tem como objetivo fazer você responder aos quatro elementos necessários para viver uma vida que realmente vale a pena ser vivida. Os quatro elementos são: sua paixão (aquilo que você ama fazer, independentemente de lucrar com isso ou não), sua vocação (aquilo que você faz bem, sem dificuldades, é um talento natural), sua profissão (aquilo que você pode fazer, exercitando sua vocação e sendo remunerado ao mesmo tempo) e sua missão na Terra (simboliza as consequências do que você faz para o mundo como um todo; este elemento visa o coletivo e o bem maior, trazendo um sentido de utilidade e a ideia de que você não nasceu à toa).

Responder para si mesmo as quatro perguntas a seguir é uma ótima maneira de refletir sobre propósito:

1. O que você ama fazer?
2. O que você sabe fazer bem?

Vai ser bom pro seu desenvolvimento!

3. O que você faz ou faria que as pessoas te pagariam para fazer?
4. Como você pode contribuir para um mundo melhor?

A forma como as perguntas são feitas tem um olhar voltado para a questão profissional. Isso acontece porque, no mundo em que vivemos, o propósito de vida muitas vezes é automaticamente associado ao trabalho. Quando perguntamos sobre sentir prazeres na vida, as pessoas tendem a pensar, em primeiro lugar, no que fazem profissionalmente. Além disso, vivemos em um mundo capitalista, quer gostemos ou não, e é o dinheiro que nos traz conforto e liberdade.

Porém, o *Ikigai* abrange todas as áreas da vida. Seu significado é "razão de viver" e, para isso, precisamos ter equilíbrio entre **mente, corpo e espírito.** Quando digo equilíbrio, não quer dizer que todos os dias você tem que manter tudo fluindo perfeitamente. Isso é utópico; não existe vida equilibrada. Em cada temporada desta grande série chamada vida, priorizamos algo. Há meses em que me dedico mais aos estudos, há meses em que tenho um projeto no trabalho e foco mais nisso e há meses em que foco em ser uma musa *fitness* (o que, na verdade, dura dias; depois o foco já muda para só querer conseguir agachar, não ter dor na lombar e não fazer xixi na calça quando ficar mais velha). Essa é a vida, e está tudo bem. Mas é importante manter a harmonia entre esses três pilares, para não ter aquela sensação de que sempre está faltando algo.

Para entender um pouco melhor como surgiu o *Ikigai*, vamos à cidade de Okinawa (terra dos imortais), no vilarejo de Ögimi. Lá se encontra a população mais velha do mundo, segundo o livro dos recordes (*Guinness Book*). Para os japoneses, a prática do *Ikigai* é muito antiga. Porém, foi apenas em 2010 que ela ficou famosa no mundo, após os pesquisadores Héctor Garcia e Francesc Miralles irem até a região para descobrir o segredo da longevidade dos habitantes, que chegam a viver mais de 100 anos. Os pesquisadores acharam interessante que essas pessoas têm uma velhice muito saudável e raramente ficam doentes. Também foi observado que essas pessoas estão sempre felizes e motivadas com a vida, o que na maioria das vezes não é normal para os idosos de outras partes do mundo (na verdade, não é normal em nenhuma idade e em nenhuma parte do mundo).

Os pesquisadores, surpresos com a alegria de viver dessa gente, perguntaram o que os faz serem tão felizes apesar da idade avançada. A maioria respondeu que era o *Ikigai*. E, assim, esse estilo de vida ficou famoso ao redor do mundo. Idosos que encontraram o seu *Ikigai* tendem a viver mais, e, por terem vontade de viver, eles têm hábitos mais saudáveis. Em outras palavras, encontrar um sentido para viver que seja compatível com a sua essência e possua um valor significativo para a humanidade fortalece seu sistema imunológico, proporcionando mais saúde e aumentando a expectativa de vida.

Quando decidi usar isso para minha equipe, pensei: se encontrar um *Ikigai* na vida pessoal pode fazer viver mais, se encontrarmos dentro da equipe a razão pela qual esse grupo levanta da cama todos os dias para vir trabalhar aqui, nesta empresa, neste departamento e não em outro, podemos regar essa motivação e fazer coisas diferentes hoje para termos bons resultados juntos como equipe. Então, após definir o meu *Ikigai* e um *Ikigai* junto com a minha equipe, passei de uma líder de propósito para uma líder **COM PROPÓSITO**.

"Muitas vezes, associamos propósito a uma busca pessoal, mas os líderes também podem descobrir propósito em seu papel de guiar e inspirar outros, ou até mesmo um propósito específico para sua equipe."

CAPÍTULO 3

Feedback destrutivo

Em meio ao turbilhão do mundo corporativo, há uma ferramenta muitas vezes subestimada, mas que pode fazer a diferença entre o sucesso e o fracasso: o *feedback*. É uma palavra simples, mas com um potencial imenso para impulsionar o crescimento pessoal e profissional. Bacana, não é? Eu, particularmente, odeio dar *feedback* e até hoje não conheci alguém que gostasse. Pensando bem, acho que este é um assunto tão temido que nunca falei sobre ele em nenhuma roda, nem de amigos, nem com outros líderes.

Conversando com a Bianca Celoto, jornalista, CEO e mentora de comunicação na "Oh Quem Fala", no episódio 03 do *podcast* "Vai ser bom (para o seu desenvolvimento)", identificamos os maiores erros em *feedbacks*:

1. **Não planejar a comunicação:** um dos maiores erros em *feedbacks* é não parar para pensar na maneira como você vai passar a informação. O processo comunicativo envolve emissor, mensagem e receptor, com o *feedback* sendo a resposta gerada por essa comunicação. Saber dar e receber *feedback* evita perda de tempo e energia, reduzindo ruídos e conflitos, especialmente no ambiente corporativo. Isso aumenta a produtividade, o engajamento e a lucratividade.
2. **Falta de *feedback* positivo:** o *feedback* positivo é crucial para reforçar ações desejadas. Quando líderes não elogiam os acertos, os funcionários tendem a errar mais. Empresas que não aceitam erros enfrentam dificuldades quando os pontos positivos não são reforçados. Sem *feedback* positivo, mais *feedback* corretivo será necessário para ajustar erros que poderiam ter sido evitados. O *feedback* positivo é essencial para motivar e guiar os colaboradores, mostrando claramente o que está dando certo e deve ser repetido.

3. ***Feedback* corretivo mal aplicado:** o *feedback* corretivo deve ser dado com cuidado para não se tornar ofensivo, o que o tornaria ineficaz. Ele deve focar em corrigir erros sem atacar pessoalmente a pessoa, visando a produtividade. Um *feedback* ofensivo serve apenas para massagear o ego do emissor, sem nenhuma eficácia prática.
4. **Uso inapropriado da palavra "mas":** usar "mas" após um elogio anula a parte positiva. Em vez de dizer "você fez um ótimo trabalho, mas errou aqui", é mais eficaz abordar diretamente o problema e finalizar com um elogio. Por exemplo, "aqui houve um erro, mas você já acertou antes".
5. **Elogiar em público e criticar em privado:** elogios devem ser feitos publicamente para inspirar outros, mas críticas devem ser feitas em particular. Um *feedback* negativo em público pode constranger a pessoa, prejudicando a moral e a imagem da equipe, da empresa e do líder.
6. **Ignorar o estado emocional:** dar *feedback* corretivo quando a pessoa está emocionalmente instável pode prejudicar sua autoestima profissional. Em situações de crise, pressão de tempo ou instabilidade emocional, é melhor escolher um momento mais calmo para dar o *feedback* de forma racional.
7. **Interromper durante o *feedback*:** não interrompa a pessoa durante o *feedback*. Dê-lhe a oportunidade de explicar sua visão sobre a situação. Isso demonstra respeito e pode fornecer informações valiosas sobre o contexto do problema.
8. **Não dar soluções:** não basta corrigir e reclamar; é necessário indicar soluções. Ajude a pessoa a entender como melhorar, oferecendo um caminho claro para a correção do problema. Sem isso, o *feedback* perde sua utilidade.

No bingo do *feedback* mal aplicado, você fechou a cartela? Eu com certeza preenchi uma linha inteira.

Um *feedback* bem aplicado melhora o clima de trabalho e as relações, aumenta a produtividade da equipe, incentiva a iniciativa e contribui para a lucratividade. Ele deve ser específico, focado no problema, baseado em fatos e centrado na situação, não nos atributos pessoais do colaborador. Isso promove um ambiente construtivo e propício ao desenvolvimento profissional.

Minha experiência com feedback

Quando me tornei líder, já conhecia a teoria por trás da importância do *feedback*. No entanto, estava no meu primeiro cargo de gestão esperando suporte ou ferramentas da empresa, e, para a minha surpresa, a empresa não tinha nenhum programa de desenvolvimento ou ferramenta estruturada para conduzir discussões de *feedback*. Isso me levou a decidir fazer por conta própria: definia objetivos no início, meio e fim do ano. Embora isso fosse motivo de orgulho, percebo agora que essas reuniões eram muito engessadas.

Quando eu era avaliada pelo meu chefe, muitas vezes me sentia como se estivesse indo para uma sentença, uma sensação horrível. E quando eu era a líder, sentia a mesma tensão nas pessoas, mesmo naquelas com boa performance. Despejar seis meses de frustrações sobre alguém, além de desproporcional, é ineficaz. Então mudei completamente minha abordagem. Hoje, acredito que faz mais sentido seguir assim:

- **Reuniões de 1:1[1]:** são realizadas semanalmente ou, dependendo do número de pessoas que reportam para mim, a cada 15 dias. Nessas reuniões, discutimos os projetos ou a rotina que a pessoa está executando e se ela precisa do meu suporte para algo. Além disso, aproveito para destacar algo muito positivo que a pessoa esteja fazendo, elevando sua moral. Se algo não está tão bacana ou há necessidade de alinhamento de expectativas, trato disso também, de forma leve, já que temos esses bate-papos frequentemente. A tensão entre nós diminui, pois a pessoa sabe que discutiremos atividades e outros assuntos gerais. É essencial perguntar

[1] Do inglês *one-to-one*, talvez “frente a frente” em português.

como a pessoa se sente e puxar assuntos aleatórios sobre ela (filhos, estudos, férias etc.), mostrando que a vemos e a percebemos.

- **Reuniões de definição de metas:** são realizadas três vezes ao ano, no início, no meio e no final do ano. A reunião inicial é importante para determinar as prioridades e metas, enquanto a reunião do meio do ano permite ajustes, já que as prioridades nas empresas mudam como o clima de São Paulo ao longo do dia. A reunião final, embora seja a oficial do RH, é mais leve, pois já estávamos alinhados semanalmente. Ao final, a pessoa já sabe se ela teve um ótimo desempenho ou se poderia ter entregado mais.
- **Feedbacks imediatos:** são dados sempre que alguém faz algo muito bom. Vou até a mesa da pessoa para parabenizá-la, escrevo pelo Teams ou envio um e-mail copiando todos os envolvidos na situação. Da mesma forma, se algo negativo ocorre, chamo a pessoa para entender o que aconteceu e discutir como evitar que isso se repita. O *feedback* eficaz não se limita a apontar erros ou destacar áreas de melhoria. Ele também reconhece e valoriza as contribuições positivas, incentivando a continuidade de comportamentos e ações corretas.

Após me tornar líder, percebi que as palavras "eu" e "você" devem ser substituídas por "nós". Nenhum resultado positivo acontece só por uma pessoa, assim como nenhum erro é responsabilidade de apenas uma pessoa. Somos um time, e as falhas no departamento são de responsabilidade coletiva. Aceitar isso rapidamente dói menos.

O *feedback* é como um espelho que reflete nossas ações e comportamentos, permitindo-nos enxergar nossas áreas de melhoria. Quando dado de maneira sincera, com a intenção de entender o que realmente aconteceu e oferecer suporte para evitar recorrências, esses momentos proporcionam *insights* valiosos que nos ajudam a nos tornar melhores versões de nós mesmos.

No entanto, para que o *feedback* seja eficaz, é essencial que seja entregue de forma respeitosa e construtiva. Comentários negativos ou destrutivos podem minar a confiança e desmotivar os indivíduos, enquanto o *feedback* construtivo inspira e capacita.

Além disso, é importante lembrar que o *feedback* não é apenas uma via de mão única. Você também deve perguntar às pessoas o que elas acham de você e o que fariam de diferente se estivessem no seu lugar. Esteja aberto a receber *feedback* e disposto a fazer mudanças positivas com base nele. Na minha experiência, poucas pessoas têm coragem de criticar o chefe diretamente. Eu mesma fiz isso poucas vezes para meus chefes e sempre de forma bem sutil – o medo de ficar "open to work" é real, pois há poucos líderes que conseguem lidar bem com críticas de baixo para cima. Se alguém teve a coragem de criticar você diretamente, essa pessoa merece respeito. Mantenha a calma, agradeça, tome nota e reflita sobre o *feedback*. Depois, em casa, você pode chorar, gritar, abrir um vinho e digerir o assunto. Afinal, o *feedback* é uma via de mão dupla.

Devemos abraçar o poder do *feedback* como parte da nossa rotina, evitando criar momentos de estresse para ambos os lados, a ponto de perdermos o sono na véspera. Não tenha medo de ter conversas difíceis e ser transparente. O *feedback* bem aplicado é uma ferramenta poderosa para o crescimento pessoal e profissional dentro de qualquer organização. Vamos utilizá-lo não apenas para corrigir erros, mas também para celebrar sucessos e inspirar mudanças positivas.

"Após me tornar líder, percebi que as palavras "eu" e "você" devem ser substituídas por "nós". Nenhum resultado positivo acontece só por uma pessoa, assim como nenhum erro é responsabilidade de apenas uma pessoa."

CAPÍTULO 4

Relacionamento tóxico corporativo

Ei, você! É, você mesmo! Você precisa sair da sua zona de conforto. Saber "vestir a camisa da empresa", ter aquele sentimento de dono. Se quiser ter sucesso aqui, precisa trabalhar enquanto eles dormem. Afinal, nessa empresa, somos uma família!

Bom, no parágrafo anterior há muitos clichês, e você provavelmente já ouviu algo similar durante sua carreira. Se não, me mande o local onde você trabalha para eu enviar meu currículo. Até hoje estou buscando essa zona de conforto... como vou sair dela se eu nunca entrei??

Falando sério, esforçar-se na carreira é importante, principalmente no início, quando precisamos aprender muitas coisas e ganhar experiência. O problema é que, às vezes, o abuso vem travestido de incentivo. Relacionamentos tóxicos no ambiente de trabalho podem ser invisíveis e insidiosos, emergindo de maneira sutil e muitas vezes sendo nomeados como simples "estresses do trabalho".

Um relacionamento tóxico corporativo ocorre quando há dinâmicas negativas e prejudiciais entre colegas, gestores e subordinados, ou entre a empresa e seus funcionários. Pode ser caracterizado por falta de respeito, comunicação abusiva, manipulação, controle excessivo, competição desleal e favoritismo, expectativas irrealistas e sobrecarga de trabalho, ambiente de desconfiança e insegurança, falta de suporte e desenvolvimento, além de assédio moral e intimidação. Essas condições geram um ambiente hostil, aumentam o estresse, reduzem a produtividade, elevam a rotatividade e prejudicam a saúde mental dos funcionários.

Vou fazer um paralelo entre o ciclo de abuso em relacionamentos pessoais e a liderança tóxica, com base em minha experiência pessoal e nas três fases do ciclo de abuso descritas por Lenore E. Walker (1984).

Vai ser bom pro seu desenvolvimento!

Fase "Construção da Tensão"

Nesta fase inicial, o líder tóxico começa a exercer controle sutil sobre a equipe. Em minha experiência, esse controle manifestava-se através de críticas constantes às ideias ou aos próprios colaboradores. Isso cria um ambiente de medo e repressão, onde expressar opiniões divergentes se torna cada vez mais arriscado. Além disso, ocorre o favorecimento de um grupo seleto, isolando aqueles fora do círculo e privando-os de oportunidades e reconhecimento.

Fase "Violência Aguda"

A fase de violência aguda no contexto corporativo geralmente envolve abuso psicológico e moral. Exemplos disso incluem humilhações, ameaças de demissão e outras formas de manipulação psicológica para instilar o medo e a subserviência. Neste estágio, a liderança tóxica utiliza sua autoridade para rebaixar e desmotivar, em vez de liderar com empatia e respeito.

Fase "Reconciliação ou 'Lua de Mel"

Na fase de reconciliação, o líder tóxico pode temporariamente adotar uma postura mais amigável e inclusiva, frequentemente após episódios de abuso psicológico. No mundo corporativo, isso pode se traduzir em elogios súbitos, promessas de progresso na carreira ou outros incentivos para amaciar as tensões e manter a lealdade dos subordinados. Essas promessas raramente são cumpridas, servindo apenas para manter a equipe esperançosa e submissa.

Na minha opinião, líderes que criam essa relação tóxica com os empregados possuem uma fragilidade muito grande em outros aspectos da vida. Chega a ser deprimente pessoas com esse tipo de comportamento. Durante minha carreira, trabalhei em empresas onde, por diversas vezes, presenciei gestores tendo comportamentos extremamente tóxicos.

Por exemplo, uma vez uma gestora pediu para eu explicar algo que ocorreu e, quando expliquei, ela gritou para mim: "você está falando bosta". Isso me chocou profundamente, pois eu não estava dando uma opinião; estava apresentando um fato do departamento. No ambiente corporativo, costumo dizer que não faço politicagem, sou diplomata. Nesse momento, eu apenas disse que podia até estar falando "bosta", mas isso era um fato e eu não podia fazer nada em relação a isso.

Porém, isso não parava de acontecer. Muitas pessoas sentiam medo, pânico e choravam após ter contato com essa pessoa, principalmente quando ela estava sob pressão. Ela abria a porta e gritava que, se não recebesse o que pediu, mandaria todos embora. Eu estava ainda no início da minha carreira, mas comecei a ver várias bandeiras vermelhas. Claramente, os subordinados dessa pessoa não estavam bem. Muitos choravam escondidos, e as promoções eram baseadas na confiança e não no desempenho.

Ela completava o ciclo porque, após episódios abusivos, chorava, dizia que éramos muito importantes para a equipe, dava presentes, e o grupo seleto era formado por aqueles que eram promovidos com base em ser puxa-saco e não dizer não. No entanto, isso envolvia participar da vida pessoal dela, frequentar sua casa, festas familiares etc. Um dia, me peguei sentada no chão da sala da casa dela, junto com outras integrantes do grupinho seleto, brincando de Peppa Pig com a filha dela (detalhe, eu não tinha nenhuma intimidade com ela, nenhuma relação de amizade ou algo parecido), enquanto minhas amigas estavam no bar me mandando mensagem. Então, tive um *insight*: eu estava entrando para o clube e se não saísse naquele momento, depois seria muito difícil.

Um dos traços de uma relação abusiva é o abusador afastar você de sua família e amigos, sem que você perceba. O mesmo acontece no trabalho. Você passa tantas horas na empresa que esquece que tem *hobbies* e começa a sair só com colegas da empresa, pois são os únicos que entendem sua rotina e suas reclamações. Vi pessoas que saíram ou foram demitidas da empresa e perderam o chão, afinal, dedicavam a vida à empresa e não restou nada além dela. E, como em uma boa relação tóxica, o que complica mais é o contrato psicológico. Quando comecei a procurar outro emprego, sentia-me culpada, traidora. Afinal, eles apostaram em mim, eles "investiram" em mim.

Por isso, é importante deixar claro para você que está lendo: VOCÊ NÃO DEVE NADA À EMPRESA, E A EMPRESA NÃO TE DEVE NADA além do estabelecido em contrato. Sentimento de dono você tem com a sua vida e a sua carreira.

Por isso, quando estiver para sair do emprego, não pense “ah, mas eles foram tão legais”, “ah, mas eles me contrataram sem experiência” – ou se te mandarem embora, não fique nessa de “ah, mas dediquei minha vida ali, deixei de ficar com minha família”. Não estou dizendo que não pode sofrer, mas ficar remoendo não leva a nada.

Essa história de que empresa é uma família... NÃO, NÃO É! A gente já está vendo que, nos dias de hoje, há casos em que nem família é família, imagine um CNPJ. Então, não entre nessa cilada; sim, você é apenas um número. Aceita que dói menos. E se você for líder, e alguém do seu time vai sair para uma oportunidade melhor, ou para algo que faça mais sentido para ele, fique feliz por esse ser humano! Que vida vazia é essa que você tem, que se preocupa só com o trabalho que vai acumular no departamento e não na realização de uma pessoa!?

Voltando ao assunto, eu já tinha um cargo de gestão nessa empresa, mas, definitivamente, quando eu olhava para cima, não gostava do que via. Meu maior medo era ficar igual para fazer parte e, em algum momento, esquecer de quem eu queria ser. Portanto, decidi sair para uma outra oportunidade. E, claro, sempre que alguém saía, virava inimigo, era excluído de todas as redes sociais e ninguém mais olhava na sua cara, virava traidor do movimento. E, claro, fica um vazio e um sentimento de “essa relação não era real”. Mesmo eu já tendo isso em mente, quando você é excluída, é inevitável lamentar: “pensei que comigo ia ser diferente”.

O relacionamento tóxico no ambiente de trabalho pode levar a altos níveis de estresse, *burnout*, baixa produtividade e aumento das taxas de rotatividade. Falar do tema é fácil, mas como sair de um relacionamento tóxico corporativo? A seguir, alguns pontos citados pelo especialista Marcel Schwantes (2023):

- **Mudança interna de emprego:** antes de considerar sair da empresa, explore a possibilidade de mudar para uma função diferente dentro da mesma organização. Isso pode ser facilitado com a rotação de funcionários entre diferentes papéis.

- **Evite retaliação:** é fundamental manter um comportamento profissional ao lidar com colegas tóxicos. Evitar responder com comportamentos retaliatórios ajuda a manter um ambiente de trabalho respeitoso e produtivo.
- **Estabeleça limites:** definir limites claros é essencial. Comunique de forma direta e firme quais comportamentos são inaceitáveis e exija respeito por esses limites. Isso ajuda a estabelecer expectativas claras de comportamento.
- **Rede de apoio:** busque apoio emocional e orientação de colegas confiáveis, mentores ou supervisores. Eles podem dar conselhos sobre como lidar eficazmente com situações desafiadoras no ambiente de trabalho.
- **Estude o comportamento dos colegas tóxicos:** isso pode ajudar a despersonalizar a situação e a reduzir o impacto emocional, proporcionando uma perspectiva mais objetiva sobre a dinâmica no ambiente de trabalho.
- **Observe durante entrevistas:** durante o processo de contratação, procure sinais de comportamento não civilizado por parte de potenciais chefes ou colegas. Incluir atividades práticas durante o processo de seleção pode revelar comportamentos tóxicos que poderiam afetar a dinâmica da equipe.
- **Autocuidado:** participe de atividades que promovam relaxamento, recuperação e bem-estar fora do ambiente de trabalho. Isso ajuda a sustentar uma mentalidade positiva.

Relacionamentos tóxicos no ambiente corporativo são prejudiciais tanto para os indivíduos quanto para as organizações. Reconhecer os sinais e tomar medidas para se proteger é essencial para manter a saúde mental e o desempenho profissional.

Vai ser bom pro seu desenvolvimento!

Quando aconteceu comigo, conversei com colegas de confiança, busquei uma especialista de carreira e também havia iniciado um processo de terapia, o que me ajudou muito!

É fácil falar "deixe claro que você não aceitará comportamentos desrespeitosos ou críticas não construtivas", mas demorou cinco anos de terapia para eu conseguir ter ferramentas emocionais e construir minha autoestima para poder verbalizar o que me incomoda e o que eu não aceito. Já passei por outras empresas com gestores arrogantes que gritavam com as pessoas, porém comigo eles não faziam isso. Não sinto orgulho, pois quero chegar a um lugar onde ninguém tenha que passar por isso. Contudo, eu diria que é um avanço: hoje eu não me permito entrar em nenhum relacionamento tóxico em nenhuma esfera da minha vida. Como eu disse, não é fácil; exigiu anos e muita terapia. Por isso, não se culpe se esteve ou está nesse lugar, isso é um processo.

Mantenha um registro detalhado dos comportamentos abusivos, incluindo datas, horários e descrições dos incidentes. Isso pode ser útil para você não se esquecer das agressões durante a fase de "lua de mel" ou se você precisar apresentar um relatório formal. Relatar o comportamento abusivo pode levar a intervenções formais que ajudam a resolver a situação. Se o ambiente não mudar e a situação se tornar insustentável, considere procurar um novo emprego onde sua saúde e bem-estar sejam respeitados.

E sim, eu sei que muitas pessoas estão em trabalhos tóxicos e não podem simplesmente jogar tudo para o alto, mandar o chefe para aquele lugar ou fazer um *post* expondo a pessoa. Muitas vezes, principalmente em empresas familiares, reclamar no RH não vai resolver. E a pessoa pode não ter o privilégio de arcar com as possíveis consequências da denúncia. Por isso, é muito importante a independência financeira; apenas isso vai dar a liberdade e o controle da sua vida. Nessa época, além de inexperiente emocionalmente, minha vida financeira era uma derrota; não existia a possibilidade de eu simplesmente pedir demissão. Então, descobri que é muito importante ter uma reserva em caso de ser mandado embora ou de chefe idiota. Isso traz um empoderamento que você nem imagina.

Vi em um *post* da @institutocnvbrasil a diferença do que é limite e o que não é, e achei muito interessante.

Isso não é limite	Isso é um limite
"Talvez eu tenha que sair cedo."	"Posso ficar por apenas uma hora."
"Agradeço o convite. Meu dia costuma ser lotado esse dia, mas tentarei ir."	"Agradeço o convite. Não poderei ir dessa vez."
"Não sei se estou me sentindo bem, mas ok, esta será a última bebida."	"Não, obrigado. Já bebi o suficiente. Vá em frente sem mim."

Há pouco tempo, uma pessoa muito importante dentro da companhia onde eu trabalhava marcou uma reunião durante as minhas férias, sabendo que eu estaria de férias, e escreveu no convite do e-mail que era para eu liderar a reunião. Na hora fiquei ansiosa porque estaria viajando e não sabia se teria acesso à internet. Comecei a ficar irritada e estressada, então respirei fundo e respondi: "claro, deixarei a apresentação pronta. Entretanto, uma pessoa da minha equipe irá apresentá-la, pois estarei de férias". E adivinhe o que aconteceu? Ele remarcou a reunião para depois das minhas férias. Incrível, né?

Como essa pessoa tinha uma posição *C-level*, todos ficaram chocados com meu comportamento, e um dos diretores me disse: "meu objetivo é fazer como você". Nesse momento, não tomei como um elogio, mas como um alerta. Eu disse para ele: "eu não tenho filhos, tenho uma reserva de emergência, recebi alta da terapia e tenho um companheiro em casa que pode segurar as pontas se eu for mandada embora". Certifique-se de que você pode lidar com as consequências de contrariar um líder tóxico. Eu gostaria que o mundo fosse mais colorido ou como nos filmes, em que é só ter coragem e fazer o que dá na telha, mas no mundo real existe algo chamado 'consequência'.

Para se preparar para a "consequência", uma boa alternativa para quem não nasceu herdeiro de dinheiro, como eu, é a reserva de emergência. Trata-se de uma quantia essencial guardada para enfrentar imprevistos financeiros, funcionando como um colchão para cobrir despesas inesperadas, como desemprego, doenças ou gastos urgentes. Para formar a reserva, é essencial organizar o orçamento pessoal, identificando receitas e despesas fixas. Deve-se estabelecer um valor mensal para poupar: recomenda-se que a reserva seja suficiente para cobrir de 6 a 12 meses das despesas mensais totais. Isso proporciona um *buffer* financeiro significativo para enfrentar períodos de dificuldades financeiras sem comprometer o bem-estar e a estabilidade financeira pessoal.

Alguns erros comuns incluem não estabelecer metas claras para a reserva, utilizar o dinheiro para despesas não emergenciais e não restabelecer o montante utilizado. Sabe aquela frase "muitas pessoas gastam dinheiro que não têm para comprar coisas que não precisam para impressionar pessoas que não gostam" (autor desconhecido)? É a pura verdade.

Formar uma reserva de emergência é crucial para a estabilidade financeira e a liberdade econômica. Com planejamento e disciplina, você obtém segurança em tempos difíceis e permite um futuro financeiro mais tranquilo e com liberdade. Aprender sobre finanças domésticas deveria ser parte do sistema de educação, mas ainda dá tempo de buscar conhecimento. Hoje, no YouTube, você consegue aprender muito sobre reserva de emergência de graça.

Os anos de submissão, terapia e a formação de uma reserva de emergência me deram ferramentas para ser uma pessoa que sabe exatamente o que não quer. E, sim, é claro que há sapos que escolho engolir; isso se chama vida. Mas aí está a diferença: eu escolho minhas prisões e meus sapos.

Para saber se você está escolhendo engolir sapos ou sendo obrigado a isso, reflita:

- Você sabe quais são seus limites? Você sabe comunicá-los?
- Se estivesse trabalhando em uma empresa tóxica e adoecendo por isso, você teria uma reserva financeira para impor seus limites e lidar com a consequência da demissão?

- O que mais você faz além de trabalhar? O que gosta de fazer quando não está trabalhando?
- Você tem amigos fora do trabalho?

E quando você é o tóxico?

Durante um bate-papo com Ana Tomazelli no episódio 4 do *podcast* "Vai ser bom (para o seu desenvolvimento)", ela trouxe a reflexão de que temos muita facilidade para apontar o traço tóxico do outro, mas nunca o nosso. Eu refleti sobre isso e, para variar, me expus. Disse que meu traço tóxico é o *ghosting*. Para quem não está familiarizado com o termo, dar *ghost* é, nada mais, nada menos, do que deixar de falar com alguém de modo repentino e sem dar qualquer explicação. Horrível, né? Sim, eu sei, mas combinei de falar a verdade. Claro que isso não dura muito tempo; como disse, já fui liberada da terapia. Mas por um ou dois dias evito o contato porque preciso de um tempo para digerir minhas emoções quando estou extremamente desapontada com alguém ou quando alguém quebrou contratos verbais estabelecidos. O pior é quando sei que uma pessoa vai ser mandada embora. Nesse caso, ainda não aprendi a lidar com a situação, porque, se eu for normal e simpática com a pessoa, minha consciência me diz que estou sendo falsa. Então, finjo que estou ocupada e evito contato, o que é péssimo. Mas, enfim, quando eu aprender o que fazer nessas situações, escrevo outro livro ou gravo outra temporada do *podcast* para dividir com você.

Durante o episódio, Ana me perguntou se eu comunico para a pessoa. Claramente, não; se eu comunicasse, não seria *ghosting*. Eu apenas comunico depois que já elaborei meu sentimento e como vou dar o *feedback*. Mas esse vácuo, mesmo que seja de um dia, pode gerar muitos ruídos, e claramente preciso melhorar isso.

Agora que me expus, qual é o seu traço tóxico como líder? E, se não é líder, qual o seu traço tóxico como pessoa? O que vai fazer para amenizar isso?

"Uma das maiores dificuldades no ambiente de trabalho surge quando um líder se encontra desmotivado. Este estado pode ter um efeito cascata devastador na moral da equipe e na produtividade geral da organização."

CAPÍTULO 5

A tal motivação

Sabe o que me motiva muito? Café! E saber que não posso depender da previdência social para me aposentar! Brincadeiras à parte, a motivação é a energia invisível que impulsiona o desempenho, a satisfação e, finalmente, o sucesso das organizações. Mas de quem é a responsabilidade de manter essa energia vital fluindo: dos líderes, dos liderados ou de ambos?

Segundo Mario Sergio Cortella, a motivação é movimento interno – mas uma pessoa se encontrará mais motivada se for estimulada a fazê-lo. Ela é o combustível que nos move em direção às nossas metas. No contexto corporativo, a motivação pode ser impulsionada por uma variedade de fatores, desde incentivos financeiros até a busca por satisfação pessoal e profissional. No entanto, a motivação vai além do reconhecimento de recompensas. Ela engloba também a criação de um ambiente onde as pessoas não só querem alcançar seus objetivos, mas sentem que podem fazê-lo.

A motivação leva as pessoas a se envolverem em certas atividades e seguirem seus objetivos, sejam eles relacionados à vida pessoal ou profissional. No âmbito profissional, a motivação pode estar relacionada a uma promoção de cargo, aumento salarial, mudança de área, entre outros. Já no âmbito pessoal, muitas vezes a motivação pode estar ligada a uma viagem ou à conquista de um bem como casa ou carro, por exemplo.

Para mim, a motivação é responsabilidade do indivíduo. Entretanto, quem se dispõe a estar num cargo de gestão tem como parte da descrição de cargo deixar o terreno fértil para que as sementes possam crescer. Os liderados, por sua vez, não são apenas figurantes nessa peça teatral corporativa. Eles têm um papel ativo e vital na gestão de sua própria motivação. Isso envolve entender suas motivações intrínsecas e extrínsecas e tomar iniciativas proativas para buscar recursos, pedir *feedback* e alinhar suas metas pessoais com os objetivos organizacionais.

Na minha experiência, é importante perguntar a cada liderado o que o motiva. E essa não deve ser uma pergunta estática; anualmente precisa ser refeita, pois nossa vida muda constantemente, e nossas prioridades mudam também. Consequentemente, o que nos motiva também muda. Uma pessoa que está iniciando a carreira pode estar querendo aprender e ter novos desafios, mas depois pode estar construindo uma família e o dinheiro pode se tornar sua maior motivação. Com a vinda de um novo integrante na família, ela pode querer passar mais tempo em casa e então qualidade de vida pode ser sua nova motivação. Não há regras, por isso não podemos achar que só dar aumento vai motivar ou só reconhecer o trabalho vai motivar. É preciso perguntar.

A motivação é individual e única, pois cada um possui objetivos diferentes. Porém, sem motivação, as pessoas não conseguem realizar as tarefas básicas do dia a dia, pois não têm um objetivo a ser conquistado. Diante disso, a motivação pode ser classificada em duas categorias:

- **Motivação intrínseca:** conjunto de razões internas dos indivíduos.
- **Motivação extrínseca:** conjunto de razões externas ao indivíduo.

A motivação intrínseca ocorre quando o indivíduo decide realizar determinada atividade apenas por satisfação, e não pensando em alguma recompensa. Dessa forma, as atividades a serem realizadas estão relacionadas à curiosidade, ao entretenimento, ao aprendizado de algo novo ou ao desenvolvimento de uma nova habilidade.

Fatores que influenciam a motivação intrínseca:

- Curiosidade de criar algo ou saber mais sobre determinado assunto.
- Desejo de mudar a forma de pensar ou sentir.

- Sonho de conquistar determinado objetivo.
- Motivação pela jornada e não pelo resultado final.
- Necessidades fisiológicas.

A motivação intrínseca, também conhecida como motivação interna, diz respeito à força que o indivíduo tem para se manter firme diante de momentos difíceis. Esse sentimento é o que permite que as pessoas consigam conquistar seus objetivos, escrever sua história e ser protagonistas de sua própria jornada.

Já a motivação extrínseca diz respeito ao ambiente, às situações e a fatores externos ao indivíduo. Ou seja, o objetivo das pessoas é obter uma recompensa externa pela realização de determinadas atividades, como, por exemplo:

- Reconhecimento social.
- Aquisição de bens materiais.
- Bônus salarial.

A motivação extrínseca ocorre quando, ao executar determinada tarefa, a pessoa ganha uma recompensa por ela. Portanto, a recompensa é considerada um agente motivador. Dentro das organizações, a motivação auxilia a manter a equipe engajada e comprometida através de um bom clima organizacional, treinamentos, benefícios e outros. Existem várias maneiras pelas quais a motivação extrínseca surge:

- Medo de punição.
- Necessidade de ser aceito.
- Recompensa.

É importante que, no ambiente corporativo, os gestores saibam motivar seus colaboradores da forma correta para manter a equipe comprometida. Afinal, os líderes desempenham um papel crucial dando *feedbacks* constantes, desenvolvendo planos de carreira, ajustando cargos, investindo em treinamentos e estabelecendo metas claras. Isso incentiva a criatividade e fortalece o engajamento dos colaboradores. Desmotivação pode resultar em altos índices de absenteísmo, estresse e rotatividade, o que demanda esforços adicionais na busca por novos talentos e na resolução de conflitos internos.

A Talent Academy, uma *startup* brasileira que atua na área de recursos humanos (RH), em parceria com o Ipefem, uma ONG de educação em saúde mental e gênero para o trabalho decente com base em dados, realizou um mapeamento com mais de 25.000 trabalhadores para mostrar quais são os fatores motivacionais que levam ao engajamento e à maior produtividade.

Os dados indicam que, contrariamente ao senso comum, remuneração ou promoção não são os fatores mais mencionados como principais motivadores pelos profissionais no Brasil. Na verdade, esses itens nem sequer aparecem entre os cinco mais citados. A pesquisa revela que o maior fator motivacional é o desafio proposto ao profissional, independentemente de gênero, geração, cargo ou nível de escolaridade.

Para 59,3% dos homens e 50,4% das mulheres dos cerca de 25.400 profissionais consultados que trabalham em empresas de diferentes tamanhos, o "desafio" aparece como o principal fator motivacional. No recorte dos dados por geração, esse fator aparece como o mais importante tanto para a Geração X (42 a 58 anos de idade), com 59,2% das respostas, quanto para a Geração Y ou *Millennials* (29 a 42 anos de idade), com 58,6% (SAKATE, 2023).

A especialista em carreira Renata Betti, que participou do quinto episódio do *podcast* "Vai ser bom", destaca que muitas empresas ainda se surpreendem ao perceber que dinheiro ou promoções podem não ser os principais motivadores para seus funcionários. Ela aponta que essa visão equivocada pode impactar negativamente diversas práticas corporativas, como oferecer aumentos salariais na tentativa de reter talentos, uma vez que essa abordagem costuma ter um efeito apenas temporário. Mesmo entre a Geração Z (13 a 28 anos), conhecida por ter padrões diferentes dos mais velhos, o "desafio" é um fator de destaque, sendo mencionado por 47,3% dos respondentes da pesquisa, quase empatado com o "propósito" (47,1%). Essa tendência também se reflete entre os executivos de alto escalão nas empresas brasileiras, com 59,5% mencionando o desafio e 59,2% citando o propósito. Os líderes empresariais buscam mais do que altos salários e benefícios; eles querem trabalhar em algo que tenha significado para eles e que os desafie a crescer.

Outros fatores motivadores identificados pelo estudo incluem qualidade de vida, estabilidade, gestão, empreendedorismo, pertencimento, especialização e conquistas (como remuneração e promoção). Os dados foram coletados de forma anônima pelo time de *people analytics* da Talent Academy, utilizando um teste de avaliação para mapear o perfil comportamental em empresas parceiras. Esses dados foram então analisados qualitativamente a partir de uma perspectiva social pelo Ipefem, que destaca que, em alguns casos, os motivadores individuais podem não ser compatíveis com o modelo da empresa. Por exemplo, um funcionário que valoriza a estabilidade pode se sentir desmotivado em uma *startup*.

Quando assumi um cargo de gestão pela primeira vez, claramente não tinha noção do que estava fazendo e busquei uma especialista de carreira. Ela primeiro fez um mapeamento comigo para descobrir meu perfil e minhas motivações e depois recomendou que eu aplicasse o mesmo processo na equipe. E eu fiz, mas confesso que não sabia o que fazer com as respostas que as pessoas me entregavam. Elas gostavam porque tiravam esse tempo para refletir, mas como usar isso depois ficava um pouco vago para mim. Então comecei a conversar com eles em reuniões 1:1 para saber o que os motivava.

Às vezes ficava um silêncio no nosso 1:1, porque é claro que todos gostam de ser promovidos e ganhar mais dinheiro, mas refletir sobre o porquê de trabalhar nessa empresa, nesse departamento, o que o faria sair, o que gosta de fazer, quando sente felicidade ou prazer no trabalho? Às vezes os liderados não vêm prontos e estão vivendo no modo de sobrevivência, sem refletir sobre o que querem, ficando na expectativa de que o líder lhes dê algo que nem sabem o que é. Por isso, o mais importante na liderança, a meu ver, é alinhar expectativas. Entendendo o que motiva a pessoa, fica mais fácil para o líder mantê-la engajada.

Vai ser bom pro seu desenvolvimento!

Durante esse exercício, certa vez, uma analista disse que precisava pensar. No nosso encontro seguinte, ela pediu demissão. Fiquei um pouco em choque, afinal queria saber como ajudá-la na sua própria motivação, e não causar uma confusão mental. Mas ela me disse que, pela primeira vez, refletiu sobre o que estava fazendo e concluiu que não gostava da indústria. Era feliz no meio acadêmico e iria se inscrever em um programa de mestrado no exterior. Ela me agradeceu.

Claro que o objetivo de motivar os funcionários é reter pessoas, não que elas saiam, mas tenho certeza de que ela está mais feliz agora. É importante, por mais que o funcionário seja bom, entender que às vezes o departamento ficou pequeno demais para ele, ou que ele não gosta realmente daquilo. Saber que é o momento de deixar a pessoa ir, sem ressentimento, é fundamental. Nós não sabemos o dia de amanhã. Sempre digo aos meus liderados que espero que cresçam, se possível, no meu time. Mas quando eu não puder mais oferecer o que precisam, que me digam. Posso até fazer recomendações para outras empresas ou departamentos. Para mim, o mais importante é ter pessoas felizes na equipe e criar essa relação de confiança. Amanhã pode ser eu quem eles vão recomendar para outra empresa ou até mesmo contratar. Manter esse *networking* ativo é essencial na carreira.

Também é importante definir claramente objetivos e metas e oferecer oportunidades significativas de desenvolvimento pessoal e profissional, quando possível. No entanto, nem sempre as condições são ideais. As pessoas têm altos e baixos, problemas pessoais, e as prioridades das empresas geralmente mudam na mesma velocidade que as tendências de moda, e a motivação pode esmorecer. Por isso, identificar sinais de desmotivação é crucial para qualquer intervenção eficaz. Isso pode incluir desde sinais claros, como a queda na produtividade, até indicadores menos óbvios, como o desengajamento em atividades de equipe ou a falta de iniciativa. A chave para os líderes é reconhecer esses sinais e agir prontamente, adaptando suas estratégias e intervenções para reacender a motivação perdida.

Nem sempre tudo flui perfeitamente. Muitas vezes, alguns liderados estão tão perdidos, ou não fazem questão nenhuma de descobrir o que os motiva, que querem apenas reclamar e não entregar o mínimo. Não importa quantas conversas você tenha ou o quão disposto esteja a dar suporte, eles simplesmente não respondem. Tive um caso na minha equipe de uma pessoa que trabalhava no primeiro turno que faltava ou chegava na metade do expediente. Como o cargo dela era supervisionar o chão de fábrica, era exigido estar no turno. Então, sugeri ao gerente conversar com a pessoa para entender o que estava acontecendo. Ela disse que, por uma razão pessoal, não conseguia chegar às 6 da manhã na empresa. Oferecemos uma posição em outro departamento também sob minha responsabilidade, onde ela faria horário administrativo e teria flexibilidade para chegar mais tarde, se fosse preciso. Porém, ela vinha trabalhar dia sim, dia não, não dava justificativa nenhuma e, quando vinha, trabalhava bem menos que o contrato estabelecido. Tivemos mais uma conversa; é claro que, se ela tivesse algum problema pessoal, estaríamos dispostos a apoiar e até propomos outra solução juntas, mas ela dizia que estava tudo certo. O RH a chamou diversas vezes e informou que, por lei, ela precisava justificar as faltas. Ela apenas dizia que entendia, mas o comportamento não mudava. Então, após tentarmos de todas as formas, não houve opção: o desligamento foi a única alternativa. Se um colaborador não cumpre o estabelecido no contrato e damos várias chances sem obter nenhum resultado ou compromisso, isso também afeta a equipe, que começa a se desmotivar, pois estão cumprindo seus contratos enquanto outra pessoa, além de não estar, é tratada com privilégios. Claro que isso não é legal, mas às vezes é necessário. Uma pessoa que não está aberta a contribuir pode desmotivar uma equipe inteira, e aí será bem mais difícil recuperar.

E quando o líder não está motivado?

Em um mundo ideal, líderes são sempre fontes de inspiração e motivação para suas equipes. No entanto, a realidade é frequentemente mais complexa. Líderes também são humanos, sujeitos às mesmas flutuações emocionais que qualquer outra pessoa. Uma das maiores dificuldades no ambiente de trabalho surge quando um líder se encontra desmotivado. Esse estado pode ter um efeito cascata devastador na moral da equipe e na produtividade geral da organização.

Vai ser bom pro seu desenvolvimento!

A desmotivação de um líder pode ser desencadeada por várias razões, incluindo pressões externas, falta de suporte da gestão superior, desalinhamento com os valores corporativos ou até mesmo desgaste pessoal. Quando um líder está desmotivado, sua capacidade de energizar e inspirar sua equipe é significativamente diminuída. O líder pode começar a demonstrar sinais de apatia, menor envolvimento com a equipe, comunicação deficiente e até mesmo uma diminuição na qualidade de suas decisões. Isso afeta o clima da equipe, levando a uma espiral descendente de motivação.

Já passei por dois momentos de muita desmotivação como líder. No primeiro, eu estava totalmente desalinhada com os valores da empresa. Não achava justa a forma como meus superiores assediavam moralmente os empregados à minha volta e, algumas vezes, tinham problemas sérios de *compliance*. Eu estava extremamente insatisfeita porque me sentia nadando contra a maré. Eu filtrava muita coisa para passar para minha equipe, e isso sugava todas as minhas energias, porque o que vinha de cima era o oposto do que eu queria ser como líder.

Por algum tempo, eu conseguia atuar com meus liderados e fingir que estávamos blindados. Sabe o filme italiano *A Vida é Bela*, do diretor Roberto Benigni? Segue um breve resumo sem *spoiler*: durante a Segunda Guerra Mundial, na Itália, o judeu Guido e seu filho Giosué são levados para um campo de concentração nazista. Afastado da mulher, ele precisa usar sua imaginação para fazer o menino acreditar que estão participando de uma grande brincadeira, com o intuito de protegê-lo do terror e da violência ao redor. Eu fui fazendo isso com a equipe, mas, quando estava sozinha ou chegava em casa, me sentia esgotada e triste; era extremamente desgastante. Após um ano, eu já não conseguia mais suportar, e a imaginação foi acabando. No meu caso, decidi que sair era a única opção.

No segundo momento, eu estava em uma empresa que compartilhava meus valores e me ouvia. Porém, estávamos em uma situação de crise por problemas com o órgão regulador, além de ter de cumprir com as expectativas de um *board* recém-estruturado. Todos os dias aparecia um problema novo e sempre cabeludo. A equipe estava exausta. Não podíamos desistir, mas estávamos no nosso limite para conseguir resolver os problemas e manter a empresa aberta.

Quando fui fazer a reunião mensal com todos os gerentes, entramos na sala e a sensação era de estarmos em um velório. Eu não estava bem, eles estavam cansados, e entendi que não cabia, naquele momento, fingir que estava tudo bem ou sorrir e cobrar motivação deles. Então, simplesmente passei as mensagens que precisava e falei: "estamos exaustos. Eu estou no meu limite. Parece que não vai ter fim, mas eu garanto que vai. Vocês não estão sozinhos, e dias melhores virão. Obrigada por darem o máximo. Tudo bem não estarmos sorrindo hoje, mas meu objetivo como líder é evitar que tenhamos que passar por momentos assim no futuro".

Achei importante não trazer para aquele momento uma positividade tóxica e mostrar que estava tão cansada quanto eles. Vulnerável, não cabia naquele momento forçar a barra; eu precisava me respeitar e respeitar aquele momento difícil. Mas, claramente, isso não podia perdurar por meses. Minhas ações guiando a equipe precisavam ser para tirar a gente daquele buraco o quanto antes, porque senão eu perderia a equipe toda. Na próxima reunião, foquei nas mensagens positivas e conquistas recentes e fiz um exercício para cada um falar como estavam se sentindo na semana anterior em uma palavra e como estavam na última reunião.

É crucial, portanto, que você não apenas foque na motivação dos funcionários, mas também reconheça a importância de se manter motivado. Se possui outros líderes abaixo de você, procure saber se eles estão motivados e o que eles têm feito dentro de cada equipe.

Que desculpa você está dando para você mesmo?

Com as altas demandas e excessos de prioridades, eu remarcava com certa frequência os 1:1 ou reclamava para mim mesma que não tinha tempo para ler os resultados da avaliação de perfil motivacional. Isso é outra dica: se o RH não tiver uma ferramenta para te auxiliar a mapear perfil, propósito, valores e o que motiva sua equipe, vá atrás você mesmo e bote no seu orçamento como treinamento. A Talent, por exemplo, tem uma plataforma muito legal (e eu juro que eles não estão me patrocinando ainda; quem sabe no futuro).

Quando meu chefe remarcava meu 1:1, meu sentimento era de que eu não era importante ou prioridade. Quando me dei conta disso, parei de fazer isso com os outros e hoje tudo pode esperar. Preciso respeitar a reunião e, se aparecer algo muito urgente, tento remarcar para o mesmo dia ou semana, pedir desculpas e explicar. Sobre não ter tempo para ver o perfil: sabe aqueles minutos que você fica no WhatsApp no trabalho ou no café de fofoca? Podem ser usados para ler o perfil do seu funcionário e conversar com ele sobre isso. Vai por mim: quando você troca "não tenho tempo" por "não é minha prioridade", você sente o peso.

A motivação é, sem dúvida, uma via de mão dupla, e um líder motivado é o primeiro passo para uma equipe motivada. E não se esqueça: comunicação é o segredo de qualquer boa relação. Pergunte, não suponha e lembre-se de que só é possível ajudar quem quer ser ajudado. Qual foi a última vez que se perguntou o que te motiva e o que motiva seu time?

"O que me motiva é café e saber que não posso depender da previdência social para me aposentar!"

CAPÍTULO 6

As dores e os amores de ser um líder

A liderança é frequentemente idealizada como uma jornada repleta de poder e prestígio, mas aqueles que realmente vivem essa experiência sabem que ela vem com seu próprio conjunto de desafios e recompensas. O papel de um líder vai muito além da gestão de tarefas e pessoas; ele carrega o peso da responsabilidade pelos resultados de sua equipe. Cada decisão tomada tem ramificações que podem afetar as vidas dos membros da equipe ou o rumo da empresa de maneiras imprevistas. Quando trabalhamos por nós mesmos, sem um cargo de gestão, nossa reputação depende só de nós; quando passamos a liderar outras pessoas, nossa reputação depende dos outros, e não controlamos os outros. Muitas vezes, essa pressão constante para tomar as decisões certas e a responsabilidade por pessoas que não controlamos pode ser uma fonte considerável de estresse.

Além disso, é necessário considerar que a junta diretiva não tem contato diário com a sua equipe. Na hora de definir o orçamento, apenas informam a necessidade de reduzir 20% da equipe e você precisa fazer isso sem reclamar, sem chorar e sem espernear. Talvez seja isso que falta contar quando se assume um cargo de liderança: liderar em tempos de crise é uma das provas mais difíceis. Quando o caos se instala, seja devido a uma crise econômica, um escândalo ou uma pandemia, espera-se que os líderes mantenham a calma e guiem suas equipes através da tempestade. Manter a equipe focada e motivada em meio à incerteza é um verdadeiro teste de habilidade de liderança.

A maturidade traz ferramentas para lidar com momentos difíceis, mas apenas tempos difíceis nos deixam maduros. Portanto, se você tem pouco tempo no cargo, procure um bom mentor para guiá-lo. Não precisa ser dentro da sua companhia; veja alguém que seja referência e esteja disponível, pois é inevitável sentir solidão e desespero por não ter a quem recorrer ou com quem dividir as angústias. Claro que ser vulnerável é importante, mas se, durante uma grande crise, você desmoronar ou todos os dias falar para sua equipe que não sabe o que fazer, passa-se da vulnerabilidade e da criação de conexão com os colaboradores para despreparo e falta de respeito, pois eles perderão a referência. Às vezes, fingir faz parte. Antes, eu gostava daquela frase "fake it 'till you make it" (finja até conseguir), mas depois de ver o TED Talk da Amy Cuddy (TED, 2012), mudei para "fake it 'till you become it" (finja até se tornar).

Lembro-me de quando trabalhava como líder naquela empresa que estava com muitos problemas regulatórios e havia a possibilidade de fechar. Todo mundo estava exausto. Eu basicamente chegava em casa e chorava dia sim, dia não. Não quero romantizar o sofrimento, mas essa era minha válvula de escape. Eu estava aprendendo muita coisa que não sabia e, ao mesmo tempo, tinha que decidir os caminhos que a empresa tomaria. Eu poderia pensar que, se a empresa fechasse, seria triste, mas não seria minha responsabilidade. O ponto é que essa empresa fornecia produtos para a saúde de pessoas em estado crítico para 90% do mercado dos Estados Unidos, e não tínhamos estoque. Se eu falhasse, não seria apenas sobre demitir 900 pessoas, mas sobre deixar pessoas morrerem por falta de certos produtos. Além de resolver o problema com o governo dos Estados Unidos, que não é nada fácil, houve diversas reuniões com advogados e treinamentos sobre o que falar e como me portar (eu só pensava: "se eu for para o tribunal americano, não tenho nem inglês pra isso"). Eu também recebia ligações do marketing e de vendas dizendo: "se você não liberar produtos, as pessoas vão morrer por sua causa".

Em uma das vezes que recebi um e-mail assim, eu estava passando o fim de semana na Suíça, porque naquela semana estava trabalhando na Alemanha. O impacto da mensagem me fez começar a chorar no meio de um café da manhã nos alpes suíços, sentada com um homem lindo e inteligente na minha frente. Isso me trouxe um grande *insight*: essa não é a vida que eu quero. De que adianta ter conforto e poder realizar sonhos (no meu caso, viajar) se eu não tiver paz? Então, meu companheiro me olhou e disse: "Bruna, a vida é feita de altos e baixos. É melhor chorar na Suíça do que em Limeira!". Pelo menos nessa hora eu parei de chorar e ri muito (um abraço para a caravana de Limeira, onde nasci!).

Com esse momento, compreendi (não que já não soubesse, acho que só ficou mais claro) que líderes enfrentam o desafio de manter um equilíbrio saudável entre vida pessoal e profissional. E sim, eu sei que não existe vida equilibrada. É impossível estar em dia com trabalho, estudos, exercício físico, meditação, filhos, companheiro e ainda ter tempo para postar a foto #gratidão. A vida é baseada em prioridades: ora está mais focada em um trabalho novo, ora está em um projeto para melhorar sua saúde, seja física ou mental, ora está focada nos estudos ou dedicada à família. As prioridades vão mudando conforme a necessidade.

O trabalho de um líder raramente se confina a horários regulares de escritório; ele pode se estender para noites, fins de semana e até feriados. Além do mais triste: o líder não tem banco de horas ou hora extra. Encontrar tempo para a família, amigos e para si mesmo pode ser extremamente difícil, mas é fundamental para sua saúde mental que isso não perdure por toda a carreira. Mudar o foco para outras áreas da vida para não cair em um relacionamento tóxico com o trabalho é importante. Caso contrário, vai acabar como disse Ana Tomazelli, divorciada, medicada e com o olho tremendo (eu tenho muito local de fala aqui).

Vamos trazer aqui um pequeno resumo dos desafios (as dores) de ser um líder, para deixar a energia lá no chão:

1. Líderes são **constantemente pressionados** a alcançar metas e resultados específicos, o que pode gerar estresse e ansiedade. Isso inclui a necessidade de manter a equipe motivada e produtiva, mesmo em períodos de crise.
2. **Tomar decisões difíceis**, como demissões ou cortes de orçamento, é uma parte inevitável da liderança. Essas decisões podem afetar o moral da equipe e a reputação do líder.
3. **Resolver conflitos internos** é crucial para manter um ambiente de trabalho saudável. Líderes precisam ter habilidades de mediação e comunicação para lidar com divergências.

4. Muitos líderes têm dificuldades em **equilibrar as demandas do trabalho com a vida pessoal**, o que pode levar ao *burnout*.
5. Com a rápida evolução tecnológica e mudanças no mercado, líderes devem ser **capazes de adaptar suas estratégias** e métodos de liderança conforme necessário.

Não adianta falar para sua equipe que você é um ser humano, também sofre e que é um empregado assim como eles. Eles apenas irão virar os olhos e pensar: "se me pagarem o seu salário, posso começar a sentir empatia por você". O sentimento do proletariado está enraizado. Na minha infância e adolescência, minha família não era pobre a ponto de passar fome, mas transitávamos entre as classes C e D. Sempre estudei em escolas públicas e fiz universidade particular com o auxílio de programas do governo. Nos últimos anos, tenho atuado em posições de gerência e diretoria. Uma vez, um colega estava fazendo um discurso de fechamento com os operadores e, como o índice de absenteísmo era alto, ele estava falando da importância de vir trabalhar pela criticidade do produto que fazemos. Até aí, tudo bem. Mas aí ele disse: "eu levanto todo dia motivado a trabalhar". Nesse momento, virei os olhos e pensei: "com o seu salário, eu também viria". Aí lembrei que eu ganhava o mesmo salário que ele. Enfim, se nem eu, que sou líder, tenho o tempo todo "empatia" por outro líder na mesma posição, imagine esperar isso do meu time.

Novamente, meu objetivo não é fazer você desistir da liderança, e sim saber o que te espera. Contrastando com as dificuldades, há momentos de profunda satisfação: quando um líder vê um membro da equipe alcançar um marco significativo ou crescer e evoluir. A liderança oferece a oportunidade única de influenciar e moldar o desenvolvimento de outras pessoas, e poucas experiências são tão gratificantes quanto ajudar alguém a alcançar seu potencial.

Vamos falar um pouco das recompensas (dos amores):

1. A liderança oferece oportunidades significativas para **crescimento pessoal e profissional**, permitindo que os líderes desenvolvam novas habilidades.

2. Líderes têm a capacidade de causar um **impacto positivo** na vida de seus colaboradores, ajudando-os a crescer e alcançar seus objetivos. Isso pode ser extremamente gratificante.
3. O **reconhecimento** pelos resultados alcançados e a contribuição para o sucesso da organização são aspectos motivadores e recompensadores da liderança.
4. Ter a capacidade de **influenciar a direção da empresa e tomar decisões estratégicas importantes** é uma das grandes recompensas de ser um líder.
5. Muitos líderes se sentem realizados ao ver o impacto duradouro de suas ações e decisões na organização, criando um **legado de sucesso** e inovação.

Depois daquele *insight* na Suíça (e sim, pode me cancelar por causa do meu "rich people problem", problema de gente rica, mas saiba que quando eu era criança eu tomava banho em balde de lavar roupa com sabão Ypê e passava babosa no cabelo para fazer hidratação em casa, respeita minha história), eu refleti que, sim, gostava do que fazia, gostava da empresa, mas não gostava de como eu estava deixando a pressão me sucumbir e arruinar a minha vida e a dos meus liderados.

Então voltei para a empresa com o sentimento de "acabou a palhaçada". Sentei os gerentes numa sala, e cada um escreveu tudo que tinha pendente. Escolhemos o que era prioridade (não mais que cinco coisas). Para aqueles que tinham coisas muito críticas e passavam de cinco, mudei os responsáveis ou chamei os talentos da empresa que estavam abaixo deles para deixá-los responsáveis. Desativei todas as notificações do meu celular pessoal e disse: "das 08h às 17h vou dar 200%. Não vou pegar no celular nem vou fazer nada que não seja trabalho". Avisei minha família: se for urgente, me liga. E quando chego em casa, o mesmo: não faço nada que não seja minha vida pessoal: não olho um e-mail, nem uma notificação no Teams. Digo a eles: se for urgente, me liga. Também informei à junta diretiva: estas são as prioridades do mês. Se vocês querem mudar, estamos abertos, mas preciso deixar outra prioridade sair.

Vai ser bom pro seu desenvolvimento!

Claro, essa decisão vem com muitos resultados do meu time. No começo, foi muito difícil saber que havia e-mails rolando enquanto eu estava em casa lendo, conversando ou assistindo a *Friends*. Mas a ansiedade passava quando eu via que tudo seguia normalmente e a empresa se mantinha saudável. Em uma das visitas dos *big bosses* na empresa, um dos *feedbacks* foi: "houve uma grande diferença de clima, as pessoas estão mais leves". Respondi: "que bom!" – mas queria responder: "claro, vocês estavam fazendo a vida deles um inferno e ainda queriam um clima feliz?!". Mas não queria ficar "open to work", então segui plena.

E seguindo isso, semanalmente eu enviava as prioridades como grupo para eles e as coisas fluíram bem. Ressalva: eu era o topo da cadeia alimentar local nessa empresa, o que me permitiu fazer isso. Se você tem um gerente, diretor ou qualquer outra coisa acima de você, pode ter muita boa vontade para fazer isso, mas talvez não consiga executar tão facilmente.

Quando assumi um cargo de direção, meu maior medo era perder a qualidade de vida. Não sou "Gen Z", mas sou simpatizante do movimento. Minha geração é aquela onde era bonito trabalhar mil horas semanais, não ter tempo, ser produtiva e ocupada. Depois do "advento" da pandemia (para os privilegiados como eu), tive a oportunidade de refletir sobre isso, sobre por que querer ser assim. Junto veio a reflexão: será que o trabalho me consome demais e não consigo descansar nem nas férias, ou será que eu busco esse falso lugar de ser importante? Reclamamos quando chega a segunda-feira, mas ninguém reclama que é segunda-feira quando estamos de férias. Na verdade, só lembramos que é segunda porque temos algum *ticket* ou passeio; se não, nem saberíamos que dia da semana é. Como parte do meu estilo de liderança, sempre deixo claro: todo mundo precisa ter um *backup*, e todo *backup* precisa ter um *backup* e assim por diante. Se algum liderado meu sair de férias por motivo pessoal e eu ou alguém da equipe tiver que ligar para saber uma informação, você falhou como líder. Um bom líder, para mim, é aquele que, quando está, faz a diferença, mas quando não está, não faz falta.

Depois dessa reorganização com a equipe, deixando claras minhas expectativas e dando espaço para eles desenvolverem outras pessoas, saí de férias por 15 dias e não olhei meu e-mail, não mandei mensagem e ninguém me ligou. Pareço evoluída, mas me bateu o sentimento de que não faço falta, que essa empresa hoje segue bem sem mim. Esse é outro dos maiores erros das lideranças: querer centralizar para se sentir importante. Logo pensei: mulher, você desenvolveu essa equipe em um nível que eles seguem sozinhos e agora você já pode começar a pensar para onde vai, o que quer fazer, pode escrever um livro, fazer um *podcast*. Como diz aquela frase que não sei o autor: daqui a 20 anos, a única pessoa que lembrará que você trabalhou até tarde serão seus filhos. E olha que eu nem tenho filhos para ter alguém para lembrar.

Por isso, é importante, em meio aos desafios, valorizar as pequenas vitórias. Seja um projeto concluído com sucesso, um *feedback* positivo de um *stakeholder*, seja sobre você, seu departamento ou qualquer membro da sua equipe, ou uma melhoria de KPI (*Key Performance Indicator*), essas conquistas trazem alegria e satisfação. Comemorar não só ajuda a manter a equipe motivada, mas também reforça a cultura de reconhecimento e valorização dentro da equipe. Organizar pequenas celebrações ou mesmo apenas reconhecer esses sucessos em reuniões pode reforçar o sentimento de coesão e orgulho entre os membros da equipe. E isso não é para ser piegas; precisamos ter momentos de descompressão para não surtar.

Ser líder é navegar por um espectro de experiências emocionais intensas, de desafios estressantes a alegrias gratificantes. É uma jornada que exige coragem, resiliência e, acima de tudo, um compromisso com o crescimento, tanto pessoal quanto profissional, de si mesmo e de outros. A liderança, com todas as suas dores e amores, é uma das jornadas mais transformadoras que alguém pode empreender. Cada líder deve encontrar seu próprio caminho, aprendendo a gerenciar as pressões enquanto celebra os momentos de sucesso e felicidade.

E o segredo aqui é não levar tudo tão a sério. Você vai errar, as pessoas da sua equipe vão errar, a experiência em tomar decisões e avaliar riscos vai ficar cada dia melhor, e a inteligência emocional para conter uma situação fora de controle vai se aperfeiçoar. Se você está nesse momento gerenciando uma empresa em crise e está cansada e desmotivada, levante e coloque uma música animada. Indicações: *Unstoppable*, da Sia, *Giant*, do Calvin Harris, *Human*, de Rag'n'Bone Man, ou *Ain't No Mountain High Enough*, de Marvin Gaye e Tammi Terrell. Olhe no espelho e repita: "quem é minha guerreira??" e vá dançar estranhamente e cantar o mais alto possível. Vai resolver seus problemas? Não, mas a música alivia o estresse e reduz os níveis de cortisol, substância responsável por essa irritação do dia a dia. Então já ajuda, né?

"A maturidade traz ferramentas para lidar com momentos difíceis, mas apenas tempos difíceis nos deixam maduros."

CAPÍTULO 7

Liderar em culturas e gerações diferentes

Sabe quando sei que uma pessoa vai entrar em extinção? Quando ela começa a falar: "essa geração de hoje não quer mais trabalhar, porque no meu tempo...". Nesse momento, na maioria das vezes, eu já parei de escutar e, quando não, meu consciente está respondendo mentalmente: "conte mais dessa geração péssima... não foi você o responsável pela sua educação, criação e/ou influência?". Não que eu seja uma pessoa iluminada que não julga ou não compara. Faço isso até demais, eu só não condeno. Simplesmente rotular uma geração ou uma cultura e torcer o nariz como se eu fosse superior não vai me tornar uma pessoa melhor, muito menos uma líder melhor.

As novas gerações estão aí. Quer você goste ou não, é o que você terá. Então, em vez de desperdiçar seu tempo e sua energia falando mal, pense no que você pode fazer para mudar essa relação, seja no seu trabalho ou até mesmo na sua casa, com filhos, filhos de amigos, sobrinhos, netos. Afinal, nossos avós e pais falavam a mesma coisa da nossa geração: sempre a próxima vai ser pior. Sabe por quê? Porque o novo assusta, o novo exige que eu tenha curiosidade e esteja disposta a entender e aprender, que eu revisite meus valores e que eu mude comportamentos. E isso dá um trabalho gigante. Acontece que, para os preguiçosos de plantão, eu tenho uma péssima notícia: você pode ser extinto!

Os líderes de hoje gerenciam equipes incrivelmente diversas, não apenas em termos de cultura, mas também em relação a gerações. A globalização transformou radicalmente o local de trabalho; as equipes agora são compostas por membros de várias partes do mundo, cada um trazendo suas próprias perspectivas, práticas e expectativas. Liderar uma equipe tão diversificada requer respeito pelas diferenças culturais que influenciam como as pessoas se comunicam, colaboram e resolvem conflitos.

Diferenças culturais

Imagine uma equipe com membros da América Latina, Ásia e Europa. Cada região tem suas próprias nuances culturais que podem afetar tudo, desde a tomada de decisão até a forma como o *feedback* é dado e recebido. Ser líder é uma corrida sem linha de chegada. Tudo que aprendi e desenvolvi como líder em uma empresa com uma determinada equipe muda totalmente se eu mudo de departamento, de empresa ou de país. Então, é quase como ter que voltar à estaca zero.

Em um dos primeiros dias de trabalho como analista em uma empresa multinacional alemã, cometi duas vezes o mesmo erro em um curto período de tempo. A pessoa me enviou um e-mail me corrigindo e no final escreveu: "eu já te expliquei isso antes, qual é o seu problema?". Naquele momento, o sangue latino já pulsou junto com meus sabotadores: eu não faço as coisas direito, agora todos sabem que sou uma farsa, vou ser mandada embora, que pessoa mais grosseira, ela tem problemas comigo, não gosta de mim. Passados alguns minutos do choque, a pessoa me ligou para falar de outro tema, estava super simpática e me agradeceu pela ajuda. Isso me confundiu demais. Ué, ele gosta ou não de mim? Foi então que meu colega comentou: relaxa, é assim mesmo. "Eles" são assim. Fui então pesquisar sobre "eles", os alemães, e acho que essa foi uma das principais lições que aprendi: "o mundo não gira em torno de mim!". O alemão (no contexto corporativo e na minha experiência trabalhando com alemães no Brasil e na Alemanha) critica o trabalho em si e não a pessoa que executou ou a carreira da pessoa. Basicamente é um: "esse trabalho está ruim, melhore!" – mas isso não quer dizer que você seja ruim, foi só aquele ponto específico do trabalho.

Nós, brasileiros (alerta: estou generalizando com base na minha bolha), temos a mania de achar que tudo é sobre a gente. Por exemplo, convidei fulana para o meu aniversário, ela não foi e não se justificou. Qual alternativa escolheríamos?

a. Aconteceu algum imprevisto, tinha outro compromisso, não deu para ela vir.

b. Ela estava cansada ou não estava a fim e decidiu tirar um tempo para ela.

c. Ela está brava comigo, o que foi que eu fiz? Ah, mas ela é assim mesmo, não dá valor para as amizades.

Temos a tendência de pensar na alternativa C, né? E aí, como já sacamos como nós somos, quando alguém nos convida para algo e não estamos a fim de ir pelo simples fato de que simplesmente não queremos, já dizemos: “ah, não posso. Nesse dia eu tenho a formatura do papagaio da vizinha que ajudou minha mãe quando ela estava doente e agora temos que ir, né? Mas eu queria muito, muito mesmo, ir.” E grande parte das vezes é mentira. Olha isso: mentimos para não deixar que a outra pessoa pense que não gostamos dela. E muitas vezes o motivo é que não queremos ir porque estamos cansados. E, entre nós, quem não está cansado ou exausto nos dias de hoje não está vivendo esse século corretamente. Mas temos medo de não ser compreendidos, de que a pessoa não entenda e nos rejeite. Às vezes nem são pessoas importantes na nossa vida, mas o fantasma da rejeição nos assombra o tempo todo. Queremos ser aceitos e amados por todos. E isso é o quê? Impossível e exaustivo.

Esse é outro ponto. Na Alemanha, se você convida uma pessoa para o seu aniversário e ela não quer ou não pode ir, ela simplesmente fala “não”. Raramente vem algo depois do não. O ponto aqui não é dizer se uma cultura é melhor ou pior; é mostrar que, antes de pensar em você, pequeno alecrim dourado, é importante pensar na cultura ou comportamento do ser humano com quem você está interagindo no trabalho. Antes de deixar que seus sabotadores venham à tona ou que as emoções tomem conta, é importante contextualizar a cultura ou a personalidade do indivíduo. Por isso eu gosto bastante de observar as pessoas com quem trabalho e conhecer minimamente a cultura delas. Isso evita muitos ruídos de comunicação.

Quando Sartre disse que o inferno são os outros, ele não quis dizer que “os outros” são o problema, e sim a gente. Nós gostamos de como o outro nos vê, e quando o outro não nos vê como gostaríamos, ele se torna o problema. Porque nós somos perfeitos, né! (contém ironia) Não podemos mudar uma pessoa ou uma cultura; logo, cabe a nós nos adaptarmos. Na Alemanha, por exemplo, onde a cultura valoriza a eficiência, a pontualidade e uma hierarquia clara, os líderes frequentemente adotam uma abordagem mais direta e centrada na competência técnica. No Brasil, onde as relações pessoais são valorizadas, os líderes tendem a ser mais focados no desenvolvimento de vínculos pessoais, além de adaptáveis às mudanças e à diversidade cultural. Nos Estados Unidos, há um forte valor na meritocracia e na inovação, influenciando um estilo de liderança que encoraja a iniciativa, a autonomia e a busca por excelência individual.

Quando me mudei para a Alemanha, minha decisão foi: "preciso pensar como alemã e sentir como alemã". Obviamente, isso não significa mudar minhas crenças, valores ou características, e sim comportamentos. Isso me ajudou muito a não levar as coisas para o pessoal e a lidar com as situações de forma mais leve.

Outro ponto é que, no Brasil, eu sentia que, como líder e liderada, havia uma necessidade de *feedback* constante. O tempo todo precisamos de validação e de que alguém nos diga se estamos no caminho certo, para não ficarmos perdidos. Acontece que, na Alemanha, não há *feedback* positivo. Se você está indo bem, não falam nada; se vai mal, falam. No início, isso pode gerar desmotivação. Porém, aprendi a ser adulta e a validar o meu próprio trabalho, sempre fazendo a pergunta a mim mesma: "esse trabalho que fiz foi bom ou não?". Isso foi um divisor de águas. Claro, sempre fico feliz com elogio (quem não fica?), porém eu não necessariamente preciso disso para saber para onde tenho que ir.

Em contrapartida, nos Estados Unidos, eles são bem motivadores – às vezes até demais. De vez em quando recebo elogios por apenas fazer o meu trabalho e, nesse caso, já percebia que eu não fiz nada além do meu dever. Isso é igualmente importante, pois precisamos ter os pés no chão. Se eu sei que um trabalho foi bom, não importa se você disser que foi ruim – eu simplesmente não vou me afetar. Vou entender por que você pensa dessa forma, mas não vou levar isso para mim. Agora, se sei que fiz um trabalho medíocre e alguém fala que está ruim, eu concordo e me comprometo a melhorar na próxima vez. E se a pessoa me elogia, isso não me enaltece; eu ainda sei que preciso melhorar para a próxima. Exceto quando eu acho que foi realmente bom e alguém me elogia; aí fico insuportável.

Para você se dar bem liderando ou trabalhando fora do país ou em um ambiente multicultural, o primeiro ponto é entender o que é valorizado naquele ambiente e como é a forma de comunicação da cultura predominante. Além disso, é importante se interessar pelas pessoas de outros países, perguntar sobre comportamento, língua, religião etc. Se sua condição financeira permitir, viaje! Não há nada mais enriquecedor, que quebre mais paradigmas e preconceitos, do que viajar, estar aberto para novas culturas e conversar com locais. Também é essencial se conhecer, para saber quando você fez um trabalho bem feito e quando não. Se você ainda é estagiário ou júnior, entenda que tem bastante terreno para capinar, mas se você é sênior ou acima, já passou da hora de saber o seu valor e ficar à vontade com suas fortalezas – e, mais importante ainda, com suas fraquezas. Afinal, quem se conhece não se ofende (Leandro Karnal).

Diferenças geracionais

Além das diferenças culturais, os líderes modernos também devem gerenciar a diversidade geracional. *Baby Boomers*, Geração X, *Millennials* ou Geração Z: cada uma tem características únicas que influenciam suas expectativas e comportamentos no trabalho. Para você que está perdido na sopa de letrinhas geracional, vou dar um breve resumo aqui, lembrando que os estudos e as discussões sobre o tema estão em andamento, então há debates sobre as datas de corte corretas:

Baby Boomers

Os *Baby Boomers* são aqueles nascidos aproximadamente entre 1946 e meados da década de 1960, logo após a Segunda Guerra Mundial. Esta geração ganhou o nome de "baby boom" devido ao significativo aumento na taxa de natalidade após o término do conflito. Os *Baby Boomers* cresceram em uma época de prosperidade econômica, otimismo e mudanças sociais significativas, como os movimentos pelos direitos civis e femininos. Eles tendem a valorizar a estabilidade, a segurança no emprego e a lealdade às organizações.

Frequentemente, veem o trabalho como um compromisso de longo prazo e valorizam a hierarquia e a estrutura organizacional. São conhecidos por serem trabalhadores dedicados e motivados pelo sucesso profissional. Preferem a comunicação pessoal e valorizam o trabalho árduo e a perseverança. Embora muitos tenham se adaptado às tecnologias emergentes ao longo do tempo, os *Baby Boomers* frequentemente têm uma relação mais cautelosa com a tecnologia digital em comparação com gerações mais jovens. São uma geração mais experiente, focada no lucro e com facilidade para liderar, pois têm forte senso de hierarquia. A tecnologia não é o forte dos *boomers*, e eles tendem a ser controladores, devido ao cenário em que cresceram profissionalmente, que demandava esse tipo de comportamento.

Geração X

Eles nasceram entre 1964 e 1980 e têm mais familiaridade com a tecnologia, usando principalmente Facebook, LinkedIn e WhatsApp, mas muitos começaram com a máquina de escrever. Preocupam-se mais com a saúde e com o que está acontecendo no mundo do que a geração anterior, que não cultivou o cuidado com o planeta, já que essa é uma discussão que ganhou força nos anos 80 e 90. Buscam equilíbrio entre a vida profissional e pessoal. São experientes como os *boomers* e também são leais e dedicados à empresa.

Focam nas metas de negócios e medem seu sucesso por esses números. Apesar de terem mais familiaridade com a tecnologia, não possuem a agilidade digital das gerações mais jovens. Esperam respeito das equipes pelo cargo que ocupam, embora os mais jovens respeitem mais o conhecimento e as conquistas, independentemente da hierarquia.

Millennials (Geração Y)

Os *Millennials*, como eu, são aqueles nascidos aproximadamente entre o início da década de 1980 e meados da década de 1990, dependendo da definição demográfica. Eles cresceram em uma época de avanços tecnológicos rápidos, globalização e mudanças sociais profundas, incluindo a ascensão da internet e das mídias sociais. Devido ao avanço da internet ter ocorrido mais rapidamente nesse momento, a geração Y se separa em dois grupos: os *old millennials*, que não cresceram com acesso à internet, aplicativos e *smartphones*, e os *young millennials*, que vivenciaram a internet desde a infância e tendem a ser pessoas mais intensas.

É a geração que mais vive a falta de empregos e os salários baixos, devido a diversas crises econômicas pelo caminho. Os *Millennials* valorizam a flexibilidade, o equilíbrio entre trabalho e vida pessoal e a diversidade. Eles são conhecidos por questionar a autoridade e valorizar a transparência e a colaboração, preferindo ambientes de trabalho dinâmicos. Valorizam o *feedback* constante, o propósito no trabalho e tendem a buscar oportunidades de desenvolvimento pessoal e profissional.

Além disso, são nativos digitais que cresceram com a tecnologia. Os *Millennials* estão confortáveis com dispositivos móveis, redes sociais e plataformas digitais, frequentemente utilizando essas ferramentas para comunicação e trabalho. Tendem a valorizar o trabalho em equipe e a honestidade entre os colegas, mas são imediatistas e, em sua maioria, desligados de burocracias e normas corporativas. Também é a geração que mais sofre com problemas como ansiedade e depressão.

Geração Z (ou Gen Z para os íntimos)

A Geração Z é composta por indivíduos nascidos aproximadamente entre meados da década de 1990 ou início dos anos 2000 até meados da década de 2010. Esta geração cresceu em um ambiente totalmente digitalizado, com acesso constante à internet e tecnologias móveis desde uma idade muito jovem. A Geração Z valoriza a autenticidade, a diversidade e a inclusão. Eles são pragmáticos e orientados para soluções, preocupando-se com questões globais como sustentabilidade e justiça social.

Assim como os *Millennials*, a Geração Z busca um equilíbrio entre trabalho e vida pessoal, mas valoriza ainda mais a autonomia e a flexibilidade no ambiente de trabalho. Preferem métodos de comunicação rápidos e eficientes, utilizando múltiplas plataformas e mídias sociais para aprendizado e trabalho colaborativo. São adeptos de novas tecnologias emergentes, utilizando YouTube e TikTok para adquirir e divulgar conhecimento. Em contrapartida, podem ter opiniões fortes demais (treinadas em discussões nas redes sociais e, por isso, muitas vezes sem embasamento) e podem ser vistos como "mimados" pelas gerações mais velhas, já que, muitas vezes, falam tudo o que querem e não têm que cumprir regras (sinto que é inveja).

É importante entender que cada geração traz consigo valores, comportamentos e preferências moldadas por suas experiências históricas, sociais e tecnológicas. Faz parte da descrição de cargo do líder compreender essas diferenças. Isso é fundamental para criar ambientes de trabalho inclusivos, eficazes e adaptáveis às necessidades diversas de cada grupo geracional.

Adaptar estratégias de liderança, comunicação e desenvolvimento de talentos de acordo com as características de cada geração pode melhorar significativamente a colaboração e a produtividade no local de trabalho moderno. Gerenciar uma equipe com diversidade geracional requer flexibilidade e a capacidade de adaptar estilos de liderança para atender às necessidades e expectativas de cada grupo.

Por exemplo, enquanto trabalhadores mais velhos podem apreciar reuniões formais e avaliações periódicas de desempenho, segundo meu bate-papo com a Bianca Celoto, os mais jovens podem preferir *feedback* instantâneo e oportunidades contínuas de desenvolvimento. Conversando com uma gestora da Polônia, ela estava, para variar, reclamando da nova geração. Eu perguntei a ela o que poderíamos fazer para minimizar esse problema. Ela ficou exaltada com a minha pergunta e disse: "por que nós temos que resolver? Por que eles nunca têm que mudar?". Simplesmente porque, se já aprendemos que não se muda uma pessoa, imagine uma geração. Esperar por isso é se frustrar, com certeza. Nós não temos o poder de mudar ninguém. No entanto, como líderes, temos a capacidade de influenciar pessoas para que elas escolham a mudança, e isso exige conexão.

Algumas estratégias para harmonizar essas diferenças e extrair o melhor de suas equipes diversificadas incluem:

- **Treinamento em diversidade e inclusão:** tudo bem não saber sobre tudo de novo que está acontecendo; porém, é importante se atualizar com livros, *podcasts* e treinamentos em diversidade e inclusão. Isso vai ajudar a entender melhor as várias culturas e gerações representadas no grupo, além de desmistificar estereótipos e promover um ambiente de trabalho mais empático e colaborativo. E se você vier com a frase "mas eu não posso aceitar...", apenas pare. Repita aqui comigo: você só tem de aceitar ou não o que diz respeito à sua vida. Em relação à vida do colega, você não tem nada a ver. Sua função como líder é respeitar e promover um ambiente onde qualquer um se sinta respeitado e ponto.
- **Reconheça as diferenças:** adaptar a comunicação de acordo com as necessidades culturais e geracionais dos membros da equipe pode melhorar significativamente a eficácia da liderança. Por exemplo, se você sabe que a nova geração não assiste a nada que dure mais de três minutos e ouve e vê as coisas na velocidade 2x, escrever um e-mail quilométrico não vai surtir muito efeito, concorda? Ao mesmo tempo, se quiser enviar a nova prioridade fazendo uma dancinha, talvez não seja a melhor ferramenta para os *Baby Boomers* e a Geração X. Os *Baby Boomers* preferem hierarquias claras e valorizam a lealdade, enquanto *Millennials* e a Geração Z buscam equilíbrio entre trabalho e vida pessoal e valorizam a flexibilidade. Oferecer horários flexíveis para os mais jovens e manter uma hierarquia clara para os mais velhos pode atender às necessidades de todas as gerações.
- **Valorização das contribuições:** reconhecer o histórico sólido de trabalho dos mais velhos e as novas iniciativas dos

mais jovens ajuda a promover um ambiente de trabalho positivo e colaborativo. Mantenha uma comunicação clara e aberta; os líderes devem estar disponíveis para responder a perguntas e esclarecer expectativas e objetivos da empresa, promovendo transparência e confiança entre gerações.

- **Mentoria cruzada:** encorajar a mentoria cruzada entre gerações pode ser uma excelente maneira de promover o aprendizado mútuo e ajudar os membros da equipe a valorizar as habilidades e os conhecimentos únicos que cada geração traz para a mesa. Por exemplo, um *Baby Boomer* com vasta experiência na indústria pode aprender sobre novas tecnologias de um colega da Geração Z, enquanto este pode ganhar *insights* valiosos sobre a história da empresa e estratégias de negócios de longo prazo. Pare de julgar e comece a pensar sobre o que você pode aprender, seja qual for a geração.

Segundo o estudo “Panorama de Sentimentos das Lideranças”, da escola corporativa SPUTNik, 79% dos gestores têm dificuldade em liderar equipes multigeracionais (PRADO, 2023). A diversidade geracional no ambiente de trabalho apresenta desafios devido às diferentes preferências de trabalho de cada geração. Nós somos uma geração (a minha já nem tanto) que valorizava garantia, seguro-desemprego, INSS etc. Quantas pessoas eu conheci que queriam fazer concurso público para ter estabilidade; passar num concurso público era sinônimo de vencer na vida. Hoje, a gente não pode nem perguntar a uma criança o que ela quer ser quando crescer, porque a profissão que ela escolher talvez não exista mais quando ela se formar, ou talvez a que ela escolha não exista hoje. E para você que ainda conta com o dinheiro do governo para se aposentar, eu vou usar meu traço de liderança tóxico que ainda não trabalhei 100% e vou te dar um *ghosting* agora.

É muito fácil falar que a Geração Z não tem comprometimento com o trabalho quando esses jovens se deparam com chefes mais velhos, de outras gerações, que vêm de uma estrutura de autoridade torta, onde eu falo e você não questiona (e isso nunca foi respeito; isso era medo).

Esses chefes, que estão no topo da maioria das empresas, tiveram outros estilos de liderança e interpretam muitas vezes o trabalho como pilar central da sua vida. Quando essa pessoa se depara com uma geração em que o trabalho é só um meio para conseguir dinheiro para viver num mundo capitalista, e onde eles nem precisam de tanto dinheiro assim, porque os pais deles já perderam a saúde trabalhando para conseguir várias casas, e onde também o minimalismo está em alta, se matar de trabalhar não vai ser uma prioridade (recorte da *Gen Z* classe B para cima). Aí surgem vários conflitos de entendimentos e de realidades.

Minha geração, que está no meio dessa guerra, me traz um senso de que é minha obrigação aprender a falar essa língua nova. Primeiro, porque não quero ficar obsoleta; segundo, porque, para evoluirmos como sociedade, é importante dar suporte para crianças e jovens. Eu também não quero uma mesa de pebolim, videogame ou piscina de bolinha no escritório; eu quero não ter de trabalhar até tarde para eu ter lazer em casa. Quero entender o que faço e por que faço, e não quero fazer trabalhos que facilmente podem ser automatizados por macros ou inteligência artificial. Não quero passar um ano enfurnada no trabalho para ter alguns dias de lazer; a vida é muito curta para isso.

O ponto é que não há geração melhor ou pior; somos diferentes e vamos ter de aprender a falar a língua deles. Cabe a nós nos reinventarmos, sair do modo de sobrevivência e deixar a arrogância de lado (e vou te contar uma coisa: você está floreando sua geração; você também não estava bem). Também cabe às empresas refletirem sobre isso. Escritório "instagramável" não é exatamente o que estamos buscando; tente de novo, por favor. Eu, como empresária, entendo os desafios do microempreendedor com essa realidade, porque isso exige investimento. Mas vamos começar com a reflexão, a escuta e a mente aberta.

Temos de refletir: se as pessoas não ficam mais muito tempo no mesmo trabalho, como eu otimizo o treinamento para que seja mais rápido? Como eu passo o propósito da minha empresa para as pessoas que trabalham nela? Como eu otimizo meus processos para diminuir atividades burocráticas? E, mais importante, como criar um ambiente saudável, seja no meu departamento ou na minha empresa?

Vai ser bom pro seu desenvolvimento!

A liderança intercultural e intergeracional não é apenas um desafio; é uma oportunidade extraordinária para enriquecer o local de trabalho com uma variedade de perspectivas e ideias. Líderes que são capazes de entender, respeitar e integrar essa diversidade em suas práticas de liderança estabelecem as bases para a inovação contínua e o sucesso a longo prazo. Durante nossa conversa no *podcast* (e, se ainda não escutou, vai lá escutar "Vai ser bom *podcast*"), a Ana falou mais uma coisa que ficou na minha cabeça: as posições de liderança, do ponto de vista da estrutura organizacional, são de risco e responsabilidade e, por isso, são remuneradas. Porém, isso não significa que esse líder tem que cuidar mais de você do que você dele, ou que o líder tenha que ensinar mais do que o liderado (óbvio que não estamos falando de estagiários, aprendizes, juniores etc.). A aprendizagem e o cuidado emocional precisam ser simétricos.

Hoje, as relações estão assimétricas: líderes tratam equipes como crianças, no sentido de achar que eles não têm a capacidade de fazer, que não vão fazer e que devem dizer o que eles precisam fazer. E uma equipe se comporta como criança, esperando que o líder dê *feedback* o tempo inteiro e diga o que eles devem fazer. A pessoa tem 10 anos de carreira e ainda não sabe se está trabalhando direito?! Esses lugares precisam ser desconstruídos, e adultos devem ser tratados como adultos numa horizontalidade emocional e de cuidado. Como disse a Ana no episódio 04 do nosso *podcast*: o líder não tem responsabilidade sobre a sua carreira; em essência, ele tem algo para entregar a esse CNPJ e, para isso, ele não deve matar o CPF.

E você, como líder, está sentado reclamando e tratando seus liderados como crianças ou está chamando os Gen Z para bater um papo? E você, liderado, está esperando que seu chefe lhe diga o que fazer? Que diga que seu trabalho é bom? Ou você já assumiu a sua responsabilidade emocional e as rédeas da sua carreira?

"As novas gerações estão aí. Quer você goste ou não, é o que você terá. Então, em vez de desperdiçar seu tempo e sua energia falando mal, pense no que você pode fazer para mudar essa relação."

CAPÍTULO 8

A inteligência artificial - não entre em extinção

No capítulo anterior, citei que o primeiro passo para entrar em extinção é não se abrir para o novo e ficar preso ao passado. Agora, quero apresentar o golpe final para sair daqui diretamente para um museu: não aprender sobre as novas tecnologias e dizer que é contra porque vai roubar empregos. Aí eu não posso te ajudar...

Meu amor, a era da inteligência artificial (IA, ou, em inglês, AI – *artificial intelligence*) chegou com tudo, e não é uma maria-fumaça, é um trem-bala. Você tem três escolhas: entrar, assistir ou ser atropelado.

A inteligência artificial chegou trazendo consigo mudanças profundas no ambiente de trabalho e na própria essência do que significa liderar. E ela ainda está engatinhando se compararmos ao potencial que tem. O desafio dos líderes de hoje é integrar a inteligência artificial em suas práticas de liderança sem se tornarem obsoletos. Mas antes de abordar como a inteligência artificial pode ser integrada na liderança, é essencial entender o que ela é e como funciona. A inteligência artificial refere-se a sistemas ou máquinas que imitam a inteligência humana para realizar tarefas e podem melhorar iterativamente com base nas informações que coletam. Isso inclui uma série de tecnologias, como aprendizado de máquina, processamento de linguagem natural e robótica. Apesar do nome, ela não é artificial, e muito menos inteligente – a IA como a conhecemos hoje não possui inteligência no sentido humano. Ela não tem consciência, compreensão, intenção ou emoções, ela opera com base em algoritmos e dados fornecidos, realizando cálculos e executando tarefas que simulam alguns aspectos da inteligência humana, como o reconhecimento de padrões ou a tomada de decisões baseadas em probabilidades. No entanto, ela não entende o contexto ou o significado do que faz. Ela é limitada à sua programação e à qualidade dos dados que recebe, e não tem a capacidade de pensar, refletir ou aprender de forma autônoma e consciente como os seres humanos. A IA também não é completamente "artificial" porque, em sua essência, é um produto do esforço humano, dependente de vastas quantidades de dados gerados por pessoas e de algoritmos desenvolvidos por programadores. A criação e operação de sistemas de IA dependem fortemente da contribuição humana em termos de design, dados e ajuste fino. Além disso, muitos dos modelos de IA são inspirados em processos cognitivos humanos, refletindo tentativas de replicar ou simular aspectos do funcionamento da mente humana.

Portanto, a expressão destaca que a "inteligência artificial" não possui uma inteligência genuína nem é completamente independente da criatividade e do *input* humanos; é uma ferramenta poderosa baseada em dados e algoritmos mas que não alcança a verdadeira compreensão ou consciência humana.

Para líderes, a compreensão da inteligência artificial não precisa ser técnica, mas deve ser suficiente para entender suas capacidades e limitações. Por exemplo, a IA pode processar e analisar grandes volumes de dados mais rapidamente do que um humano jamais poderia, fornecendo *insights* para a tomada de decisões.

A realidade é, de certa forma, triste, mas a verdade é que os computadores estão disponíveis 24 horas por dia, sete dias por semana. Eles não precisam de *feedback*, não se cansam, não têm problemas nem emoções. Qualquer pessoa em cargos estratégicos, e isso não é de hoje, sofre com a pressão de redução de custo, e isso, na grande maioria das vezes, envolve diminuir equipes. Qual vem sendo a alternativa para tal? Investir em tecnologias que fazem sozinhas o trabalho de diversas pessoas. Veja bem, eu não estou diminuindo o impacto futuro desse recurso na nossa sociedade. A primeira revolução industrial foi marcada pelo uso do carvão como fonte de energia; a segunda foi conhecida principalmente pelo uso da eletricidade do petróleo, a terceira foi iniciada com a era digital e o avanço da eletrônica, informática e automação, e já estamos falando que a quarta é com a inteligência artificial. Para mim, lutar contra o avanço será em vão; seria como os matemáticos lutando para que não se implementasse a calculadora porque muitos deles perderiam os empregos. Por isso, precisamos usá-la como aliada.

A implementação da IA no local de trabalho tem implicações significativas para a liderança. Ela pode transformar muitos aspectos das operações diárias, desde a automação de tarefas rotineiras até a personalização da experiência do empregado. Por exemplo, um líder pode usar a IA para analisar o sentimento e o engajamento dos funcionários através de dados coletados em plataformas de comunicação interna. Esses dados podem revelar *insights* sobre a moral da equipe ou a eficácia das comunicações internas, permitindo ajustes proativos que melhoram o ambiente de trabalho. Os líderes podem usar a IA para:

- **Melhorar sua tomada de decisão.** A inteligência artificial pode fornecer dados valiosos que ajudam os líderes a tomar decisões baseadas em informações mais precisas e abrangentes. Por exemplo, a análise preditiva pode ajudar a prever tendências de mercado, comportamento do consumidor ou o impacto potencial de uma nova política antes de sua implementação.
- **Aumentar a eficiência operacional.** Automatizar tarefas administrativas com inteligência artificial libera líderes e suas equipes para se concentrarem em trabalho de maior valor, como estratégia e inovação. Isso não só aumenta a produtividade, como também a satisfação no trabalho, pois os funcionários podem se engajar em tarefas mais significativas.
- **Desenvolver treinamento personalizado.** A inteligência artificial pode ser usada para desenvolver programas de treinamento personalizados que se adaptam ao estilo de aprendizagem e ao progresso de cada funcionário. Isso garante que todos os membros da equipe estejam equipados com as habilidades necessárias para ter sucesso e crescer dentro da empresa.

Para que os líderes não se tornem obsoletos na era da inteligência artificial, eles devem ser proativos em aprender sobre essas tecnologias e buscar maneiras de integrá-las em suas práticas de liderança. Isso pode incluir:

Vai ser bom pro seu desenvolvimento!

- Participar de *workshops*, seminários e cursos sobre IA.
- Trabalhar lado a lado com especialistas em tecnologia para entender como a IA pode ser integrada de forma eficaz em suas operações.
- Encorajar a equipe a ver a IA como uma ferramenta que pode melhorar suas funções, em vez considerá-la uma ameaça ao seu emprego.

Érico Borgo, comunicador, diretor criativo da Huuro Entretenimento e criador do curso "Odisseia Criativa" (s.d.), trouxe a frase: "não seja extinto". Ele diz que, diferentemente da internet, a adaptação à inteligência artificial vai ser mais dolorosa porque ela está substituindo pessoas. Hoje, decorar e saber coisas técnicas já não é mais um diferencial. O diferencial hoje são pessoas capazes de continuar evoluindo perante esse cenário. Os fatores-chave são: criatividade, pensamento crítico e inteligência emocional. Precisamos nos antecipar e utilizar a IA como um assistente.

Hoje, eu uso muito o ChatGPT, que é um modelo de inteligência artificial que interage por meio de *chat* e tem a capacidade de responder a diversas questões em uma conversa mais "humanizada". O *chat* consegue criar textos com uma boa estrutura e conteúdo. Por exemplo, quando tenho que escrever algum memorando, textos padrões, estruturar um discurso, uma apresentação, corrigir textos em outras línguas, elaborar modelos de documentos, referências, estudar outros idiomas e muitas outras coisas mais, uso o ChatGPT.

Além disso, o Power BI, da Microsoft, é uma ferramenta muito usada para transformar suas fontes de dados em algo visualmente envolvente e interativo, facilitando a tomada de decisão e respostas rápidas durante as apresentações de trabalho. Outra que utilizo muito é o Canva, que interpreta e ilustra textos, permitindo que eu crie apresentações, logos, portfólios etc. incríveis. O que antes eu gastaria horas fazendo, com a IA eu resolvo em minutos. E ainda há uma imensidão de ferramentas disponíveis para serem exploradas. Algumas empresas, inclusive, estão usando a IA como realidade aumentada e virtual para treinamento ou em serviços de atendimento ao consumidor e nas linhas de produção.

Se você trabalha em setores bastante regulados, como o de *life science*, sabe o quão restrito e burocrático é para fazer mudanças. Bem, até eles já estão avançados no tema. Em fevereiro de 2023, publiquei um artigo "The Road to Explainable AI in GXP-Regulated Areas" pela ISPE (ALTRABSHEH et al., 2023), uma organização sem fins lucrativos focada no desenvolvimento e na disseminação do conhecimento e boas práticas de fabricação. Se você trabalha nesse setor, vale a pena conferir.

A inteligência artificial está remodelando o futuro do trabalho, e a liderança deve evoluir junto com ela. Líderes que abraçam essa mudança e aprendem a usar a IA de forma eficaz podem melhorar a eficiência, a tomada de decisões e a satisfação no trabalho, garantindo que tanto eles quanto suas equipes permaneçam relevantes e capazes de prosperar nesse novo ambiente tecnológico. A liderança na era da inteligência artificial não é sobre competir com a máquina, mas sobre harmonizar as habilidades humanas e tecnológicas para criar um futuro mais produtivo e inclusivo.

No entanto, a IA ainda luta com nuances que os humanos consideram intuitivas, como entender sarcasmo ou o contexto emocional de uma conversa. Além disso, as plataformas de IA podem reproduzir alguns preconceitos e estereótipos. Como o aprendizado de máquina e o treinamento da IA se baseiam no reconhecimento de padrões, a IA tem acesso a um banco de dados praticamente ilimitado de informações, mas a internet está cheia de vieses. A partir daí, a máquina começa a tomar decisões autônomas. Mas, até aí, nada diferente do que já temos hoje. Assim como precisamos treinar os humanos e mudar esses vieses, é necessário treinar as máquinas para isso também e buscar a transparência de como funcionam os algoritmos. Por isso, antes de comprar um software de inteligência artificial (IA) no seu departamento ou na sua empresa, especialmente em relação a questões éticas e para a prevenção de vieses e preconceitos, é crucial considerar vários fatores para garantir que a tecnologia seja utilizada de forma justa e responsável.

- **Transparência dos algoritmos:** verifique se o fornecedor do software é transparente sobre os algoritmos e os processos de tomada de decisão utilizados pela IA. Entender como a IA faz suas recomendações ou decisões ajuda a identificar possíveis áreas de viés.
- **Fontes e qualidade dos dados de treinamento:** é fundamental saber quais dados foram utilizados para treinar a IA. Dados enviesados ou não representativos podem resultar em um software que reproduz preconceitos existentes. Certifique-se de que o software foi treinado com dados diversificados e representativos da população que ele pretende atender.
- **Auditoria e monitoramento de viés:** pergunte se o software foi auditado para detectar vieses e preconceitos, e como essas auditorias são realizadas. A presença de auditorias independentes é um bom indicativo de que o fornecedor está comprometido com a redução de vieses.
- **Capacidade de explicação e justificação das decisões da IA:** a IA deve ser capaz de explicar e justificar suas decisões ou recomendações. Sistemas de IA que são caixas pretas (ou seja, aqueles cujos processos internos não são compreensíveis) podem ocultar vieses prejudiciais. Escolha soluções que ofereçam explicabilidade.
- **Políticas de privacidade e uso de dados:** entenda como o software coleta, armazena e utiliza dados pessoais. É essencial que o software cumpra as regulamentações de privacidade e proteja os dados dos usuários contra uso indevido.
- **Implicações éticas e sociais:** avalie se o software pode impactar negativamente certos grupos de pessoas ou perpetuar desigualdades. O fornecedor deve ter uma abordagem ética clara em relação ao desenvolvimento e ao uso da IA.
- **Atualizações e manutenção contínuas:** a tecnologia de IA está em constante evolução, e os vieses podem surgir à

medida que novos dados são introduzidos. Verifique se o fornecedor oferece atualizações regulares e manutenção contínua para abordar quaisquer novos problemas que possam surgir.

- **Reputação do fornecedor:** por fim, pesquise o histórico do fornecedor em relação à ética e ao tratamento de vieses. Avalie como eles lidaram com questões éticas no passado e se eles têm um compromisso claro com práticas responsáveis de IA.

Ao considerar esses pontos, você estará mais preparado para escolher um software de IA que minimize vieses e opere de maneira ética e justa e evitarmos o retrocesso social.

Um artigo da revista *Exame*, publicado em junho de 2023, cita que as ferramentas de inteligência artificial (IA) estão revolucionando a forma como líderes e gestores administram suas tarefas diárias, especialmente a leitura e resposta a e-mails. Uma pesquisa da consultoria McKinsey revela que líderes gastam, em média, 13 horas por semana (ou 2,6 horas por dia) nessa atividade (REDAÇÃO EXAME, 2023). As ferramentas de IA economizam esse tempo e automatizam tarefas operacionais. Quem sabe, usando-as a nosso favor, vamos trabalhar menos horas no futuro? Não custa sonhar.

Para não ser extinto como líder em um mundo cada vez mais dominado pela inteligência artificial, é crucial adotar uma abordagem adaptativa e proativa. Aqui estão algumas estratégias que podem ajudar:

- **Adote uma mentalidade de aprendizado contínuo:** familiarize-se com as tecnologias de IA e suas aplicações no seu setor. Isso inclui entender como essas tecnologias funcionam e como podem ser utilizadas para melhorar processos e resultados
- **Desenvolva habilidades humanas únicas:** a inteligência emocional, a habilidade de entender e gerenciar suas próprias emoções, bem como as emoções dos outros, é algo que a IA ainda não pode replicar com eficácia.

- **Criatividade e inovação:** foque em resolver problemas de maneiras novas. A IA pode analisar dados e reconhecer padrões, mas a criatividade humana continua a ser um diferencial importante.
- **Integre IA à sua liderança:** use ferramentas de IA para melhorar a eficiência e a tomada de decisões. Isso pode incluir software de análise de dados, automação de tarefas administrativas e plataformas de comunicação aprimoradas por IA. Utilize a análise de dados para tomar decisões mais informadas e estratégicas. A IA pode ajudar a identificar tendências e fornecer *insights* que, de outra forma, poderiam passar despercebidos.
- **Foque no desenvolvimento de sua equipe:** incentive e apoie a educação contínua de sua equipe sobre IA e outras tecnologias emergentes. Use a IA para automatizar tarefas repetitivas e administrativas, permitindo que sua equipe se concentre em trabalhos de maior valor agregado.
- **Promova uma cultura de inovação:** crie um ambiente onde a inovação é incentivada e recompensada. Promova a experimentação e a aceitação de falhas como parte do processo de aprendizado. Incentive o uso de IA dentro do seu departamento e valorize o colaborador que traga para o time novas possibilidades de otimizar o trabalho com a IA.
- **Prepare-se para a mudança:** esteja preparado para se adaptar rapidamente às mudanças tecnológicas e de mercado. Isso inclui ser capaz de ajustar estratégias e operações conforme necessário. Antecipe tendências tecnológicas e de mercado, preparando sua equipe e sua organização para futuros desafios e oportunidades.
- **Ética e responsabilidade:** certifique-se de que a IA está sendo usada de maneira ética e responsável dentro da sua organização. Isso inclui considerar as implicações sociais e legais do uso de IA. Seja transparente com sua equipe sobre como a IA está sendo usada e como isso pode afetar seu trabalho e o futuro da organização.

E como você está se relacionando com a inteligência artificial? Quais ferramentas conhece e tem usado a seu favor? De que forma você exercita sua criatividade e análise crítica? Eu sou tão amiga delas que, se a Siri me irrita, eu, na sequência, peço desculpas. Para o robozinho que limpa minha casa só falta eu oferecer café, de tão bem que o trato. Não sei, vai que tem uma revolução das máquinas... pelo menos, sendo amiga delas, espero ser poupada.

“Buscar a felicidade
como um objetivo de vida
só gera estresse.”

CAPÍTULO 9

Felicidade e flow

Felicidade – acho que essa é a emoção mais cobiçada e buscada por todas as culturas. Basicamente e resumidamente, para nos sentirmos felizes, precisamos buscar equilíbrio emocional e satisfação. Frequentemente, a felicidade está associada a sentimentos de alegria, satisfação e realização pessoal. Por definição, a felicidade é um estado emocional. Portanto, a felicidade é um estado, ou seja, é uma emoção sentida em determinado espaço de tempo. Então, por que buscamos ser felizes 24 horas por dia?

Como uma criança dos anos 90, faço parte da geração que tem enraizado o conceito de "felizes para sempre", popularizado pela Disney. Porém, essa ideia cria expectativas irrealistas de uma felicidade constante e inabalável, ignorando os desafios e a complexidade da vida real. Isso pode levar as pessoas a acreditarem que a felicidade depende de alcançar certos objetivos ou encontrar o amor verdadeiro, promovendo uma visão condicional e externa de felicidade. Além disso, as pessoas se sentem pressionadas a se comparar com um padrão fictício, causando sentimentos de inadequação e desvalorizando o processo contínuo de crescimento pessoal, que é fundamental para uma vida plena e significativa.

Filosoficamente, a felicidade tem sido um tema central desde a Antiguidade. Aristóteles, por exemplo, associava a felicidade ao conceito de "eudaimonia", que envolve viver de acordo com a virtude e alcançar o pleno potencial humano. Psicologicamente, a felicidade é vista como uma combinação de emoções positivas frequentes e uma percepção geral de que a vida é boa. O artigo "Por que para algumas pessoas é geneticamente mais difícil ser feliz", de Jolanta Burke (2021), explora como a genética influencia os níveis de felicidade de uma pessoa. Cerca de 40% da nossa capacidade de ser feliz é determinada por fatores genéticos, incluindo genes que afetam a produção de neurotransmissores como serotonina e dopamina, essenciais para a regulação do humor. Algumas pessoas têm predisposições genéticas que podem dificultar a sensação de felicidade, tornando mais desafiador para elas manter um estado de bem-estar constante.

No entanto, a genética não é o único fator em jogo. O ambiente e as experiências de vida também desempenham papéis cruciais na determinação da felicidade. Eventos estressantes, traumas e o contexto social podem impactar significativamente o humor de uma pessoa. Diversos fatores além da genética contribuem para a felicidade, incluindo:

1. **Circunstâncias de vida:** aspectos como saúde, status socioeconômico e ambiente social influenciam a felicidade, mas representam uma parte menor do quadro geral.
2. **Atividades e práticas pessoais:** estratégias como terapia, exercícios físicos, meditação e mudanças no estilo de vida podem ajudar a melhorar os níveis de felicidade. Atitudes mentais, práticas de gratidão, relações interpessoais e atividades que proporcionam engajamento e sentido são cruciais para a felicidade.

Considerando que a genética ainda não podemos mudar, e que as circunstâncias da vida ora conseguimos mudar, ora não, vamos focar nas atividades e práticas pessoais. Como eu disse, vim de uma família onde nunca me faltou teto ou comida, e isso por si só já é um privilégio. Entretanto, para continuar mantendo o teto e a comida, tínhamos que garantir o pagamento do mês seguinte. Quando comecei a trabalhar, eu estudava e trabalhava. Em alguns momentos, tive que trabalhar, estudar e fazer estágios obrigatórios, dormindo em torno de 3 a 4 horas por dia. Na época em que eu era mais jovem, não tenho recordação de pensar sobre felicidade. Eu entrava e saía de relacionamentos sem pensar muito no que estava fazendo; estava focada em ter e manter um emprego que me desse dinheiro. Também não lembro de ter essas discussões em casa ou com amigos. Sobreviver era suficiente. Quando acontecia algo com um amigo ou no trabalho e eu ficava triste, lembro das pessoas superpreocupadas, porque na nossa sociedade não toleramos a tristeza. Temos que ser felizes o tempo todo e não podemos nos sentir tristes. Isso não só é impossível, como nos gera uma cobrança, e aí entra a ansiedade de que precisamos estar felizes.

Depois de adulta, fazendo terapia, discuto muito sobre minhas emoções e gosto também de nomeá-las, porque nosso repertório de nomes de emoções é muito pequeno. No livro *Atlas do Coração*, de Brené Brown (2021), são descritas mais de 80 emoções e experiências detalhadas. Aqui estão algumas delas:

1. *Abatimento:* sentimento de desânimo ou desalento.
2. *Aborrecimento:* irritação leve ou contrariedade.
3. *Aflição:* sofrimento mental ou físico intenso.
4. *Alegria:* grande felicidade ou contentamento.
5. *Alívio:* sentimento de conforto após a ansiedade ou dor.
6. *Amargura:* ressentimento persistente e hostilidade.
7. *Ambivalência:* sentimentos contraditórios sobre algo ou alguém.
8. *Angústia:* sofrimento emocional intenso.
9. *Anseio:* desejo profundo por algo inatingível.
10. *Ansiedade:* preocupação intensa e persistente.
11. *Apatia:* falta de interesse ou entusiasmo.
12. *Arrependimento:* sentimento de remorso por uma ação passada.
13. *Assombro:* maravilhamento diante de algo impressionante.
14. *Atordoamento:* estado de confusão mental.
15. *Avareza:* desejo excessivo de acumular riquezas.

16. *Bênção:* felicidade e gratidão por algo recebido.
17. *Bondade amorosa:* sentimento de amor e compaixão pelos outros.
18. *Cansaço:* sensação de exaustão física ou mental.
19. *Carência:* sentimento de falta ou necessidade.
20. *Cautela:* atenção cuidadosa para evitar perigo.
21. *Compaixão:* empatia e desejo de aliviar o sofrimento alheio.
22. *Confiança:* crença firme na confiabilidade de alguém ou algo.
23. *Constrangimento:* sentimento de vergonha ou desconforto.
24. *Contágio emocional:* capacidade de sentir emoções de outros.
25. *Contentamento:* satisfação tranquila com a situação atual.
26. *Coragem:* força para enfrentar desafios e medos.
27. *Culpa:* sentimento de responsabilidade por uma falha.
28. *Curiosidade:* desejo de aprender ou saber mais.
29. *Decepção/ Desapontamento:* sentimento de tristeza por expectativas não realizadas.
30. *Desdém:* sentimento de superioridade e desprezo.
31. *Desesperança:* perda total de esperança.
32. *Desespero:* sentimento de desamparo extremo.
33. *Desgosto:* sentimento de repulsa ou aversão.
34. *Desprezo:* falta de respeito por alguém ou algo.
35. *Determinação:* firmeza de propósito e vontade.

36. *Devoção*: amor profundo e compromisso.
37. *Dignidade*: sentimento de respeito próprio e valor.
38. *Discernimento*: capacidade de julgar corretamente.
39. *Dúvida*: incerteza ou falta de convicção.
40. *Empatia*: capacidade de entender e compartilhar os sentimentos dos outros.
41. *Encantamento*: sentimento de fascinação e maravilhamento.
42. *Enfado*: tédio extremo e desinteresse.
43. *Enfurecimento*: raiva intensa e descontrolada.
44. *Entusiasmo*: interesse ou paixão intensa.
45. *Envolvimento*: participação ativa e interessada.
46. *Esperança*: expectativa positiva em relação ao futuro.
47. *Exaustão*: extrema fadiga física ou mental.
48. *Excitação*: estado de animação intensa.
49. *Exclusão*: sentimento de ser deixado de fora.
50. *Excesso*: sentimento de algo em quantidade exagerada.
51. *Exuberância*: alegria e entusiasmo contagiante.
52. *Felicidade*: estado de bem-estar e satisfação.
53. *Fracasso*: percepção de não alcançar um objetivo.
54. *Frustração*: sentimento de insatisfação por impedimento.
55. *Fúria*: raiva extrema e violenta.

56. *Gratidão*: agradecimento sincero por algo recebido.
57. *Humilhação*: sentimento de vergonha extrema e perda de dignidade.
58. *Inadequação*: sentimento de não estar à altura.
59. *Inquietação*: agitação e incapacidade de relaxar.
60. *Insegurança*: falta de confiança em si mesmo ou em algo.
61. *Inspiração*: estímulo para criatividade ou ação positiva.
62. *Insuficiência*: sentimento de não ser o suficiente.
63. *Intimidade*: proximidade emocional e conexão profunda.
64. *Inveja*: desejo ressentido pelo que o outro possui.
65. *Irritação*: leve aborrecimento ou desconforto.
66. *Mágoa*: sentimento de dor emocional e ressentimento.
67. *Melancolia*: tristeza profunda e duradoura.
68. *Nostalgia*: saudade do passado idealizado.
69. *Orgulho*: satisfação por realizações ou características próprias.
70. *Paz de espírito*: estado de calma e tranquilidade interior.
71. *Prazer*: sentimento de satisfação e deleite.
72. *Preocupação*: ansiedade contínua sobre algo.
73. *Propósito*: sentido claro de objetivo e direção.
74. *Raiva*: sentimento de intensa indignação.
75. *Ressentimento*: amargura persistente por uma ofensa.

76. *Satisfação:* sentimento de realização e contentamento.
77. *Saudade:* desejo profundo de algo ou alguém ausente.
78. *Serenidade:* estado de calma e tranquilidade.
79. *Solitude:* estado de estar sozinho, geralmente desejado.
80. *Surpresa:* reação a algo inesperado.
81. *Tédio:* falta de interesse e estímulo.
82. *Terror:* medo extremo e paralisante.
83. *Tristeza:* sentimento de desânimo e pesar.

Leia as emoções e experiências citadas e liste mentalmente: quais você já sentiu hoje ou esta semana?

Agora me diga: se há mais de 80 emoções e experiências, por que insistimos em nos cobrar para sentir apenas a felicidade? Vamos falar sobre as outras também. O alívio, por exemplo. Se você é mulher, há algo melhor do que chegar em casa e tirar o salto e o sutiã? E a bênção? Sentir-se grata por ter amigas que ficam felizes por suas conquistas ou pelo simples fato de que você tem saúde – isso é uma bênção.

Temos a confiança, a curiosidade, a inspiração, a intimidade e a maravilhosa coragem. Aquele momento do dia em que você tem força para enfrentar desafios, superar medos e coragem para falar o que está sentindo... quer sensação mais maravilhosa? E a minha querida solitude, nesse momento, sentada sozinha, refletindo com um bom café, encantada por estar comigo mesma e me sentir bem.

Minha relação com a felicidade começou assim: como disse no capítulo 1, meu foco era ter cargo de gestão. Eu fazia inglês, espanhol, alemão, MBA, pós-graduação, curso de Power BI, tudo ao mesmo tempo, e consegui! Depois eu queria ter cargo de gestão em uma multinacional, e consegui! Como meu foco sempre foi carreira e dinheiro, estava conseguindo tudo o que eu queria. Eis que, então, começo a sentir um grande vazio. Consegui o que queria. E agora?

Entrei em um estado em que não sentia nenhuma emoção, nem positiva nem negativa. Eu era uma pessoa ignorante, nunca falava do que sentia, até porque nem sabia elaborar (bom, ainda não sou uma *expert*, mas tivemos grandes avanços). Achava que terapia era coisa de gente fraca. Eu era forte, não me abria nem com pessoas íntimas, que dirá com uma desconhecida. Muitas pessoas possuem religião, e em momentos difíceis acredito que pode ser um suporte, mas, no meu caso, eu não tenho e não acredito em nada. Então, me vi sozinha com esse vazio.

Em determinado momento, pensei em largar meu emprego porque não via sentido em nada do que estava fazendo. E claro que vem a culpa: eu tenho saúde, tenho uma boa família, tenho amigos, tenho conforto, um excelente salário, tinha acabado de abrir minha primeira empresa e estava tudo "certo"... mas após uma grande crise de choro e pensamentos estranhos, decidi que precisava de ajuda. Fui ao psiquiatra e ela me disse que eu estava com depressão. Passou remédios controlados e terapia. Isso para mim foi um grande golpe! Não! Depressão é coisa de gente fraca. Imagina se alguém descobre isso! Como vou olhar na cara das pessoas? Como vou manter minha postura *fake*?? (hoje só penso: Bruna, sua ridícula)

Sou farmacêutica de formação e, para o terror da indústria farmacêutica, sou contra o uso de remédios de maneira indiscriminada. Óbvio que há doenças e condições genéticas que exigem o uso, mas, no meu caso, como não era uma depressão severa, até comecei a tomar o remédio, mas não queria só fazer isso, só me dopar a ponto de ignorar que minha vida pessoal estava péssima e seguir assim. Foi aí que a terapia veio para eu desenrolar todos os fios emaranhados de anos de modo sobrevivência, onde falar de emoções estava fora de cogitação. Nesse processo, entendi que colocar a felicidade em um só lugar, como a carreira, por exemplo, é uma loucura. E meus relacionamentos? E meu corpo e minha mente?

Nada disso foi prioridade nesses anos, e o mais importante é que, durante esse processo, aprendi a falar e impor limites. O essencial para mim foi que, apesar de todo o "sucesso profissional", eu não estava feliz com o ser humano que eu era. No meu caso (não estou incentivando ninguém), mudei radicalmente minha vida. Primeiro, busquei quem eu queria ser, e depois relações pessoais saudáveis e oportunidades acompanharam esse desenvolvimento.

Busquei movimentar o corpo e cuidar da minha mente. Muito rapidamente, meu estado depressivo passou (no meu caso específico, porque eu não tinha uma condição genética e porque tenho um perfil muito inquieto de que, se está ruim, muda, troca, mexe, e faço isso com uma velocidade que não é comum). Depois de uns cinco anos, acho que o momento em que minha terapeuta percebeu que podia me dar alta foi quando eu disse que sou bem legal, que eu me namoraria (PS: apesar da alta, não quis deixar a terapia; afinal, onde mais posso falar sobre mim livremente? Talvez agora, com o *podcast* e o livro, eu diminua as sessões).

Depois que saí da roda do hamster, comecei a falar e pensar mais sobre sentimentos. Eu me questiono: por que isso antes para mim não era um problema e hoje reflito a todo momento sobre emoções e sentimentos? Será que, assim como o típico clichê das pessoas que falam que dinheiro não traz felicidade só depois que elas têm dinheiro, eu apenas questiono a importância de falar de emoções porque estou com tempo? Bom, não sou psicóloga, psicanalista, nem nada da área, mas, na minha experiência, quanto antes você se perceber e discutir sobre suas emoções, menos burradas você vai fazer na sua vida e menos pessoas você vai ferir no caminho. Para eu me tornar uma pessoa que eu gosto, muitas pessoas foram machucadas no caminho pela minha falta de responsabilidade afetiva, autoconhecimento e inteligência emocional.

Mas voltando à felicidade: esse não é um conceito estático, e sim dinâmico e subjetivo. Aristóteles destaca a importância da virtude e da contemplação como meios para alcançar um bem maior e duradouro. Nos tempos atuais, a ênfase na psicologia positiva e na gratidão reflete uma abordagem similar, encorajando as pessoas a cultivar um *mindset* positivo. Sim, esse papo dá preguiça, até porque o capitalismo é implacável e o papo de gratidão, gratiluz, já vem com uma *publi* de suco detox, água aromatizada e uma vela aromática. Hoje tenho tempo de contemplar o sol, mas por muito tempo na minha carreira eu nem via o sol. Mas me permita ser clichê: acho que não dá para falar de felicidade e não cair nesse lugar. Foca no processo!

A cultura latina tende a ser mais orientada para o resultado final – estamos sempre buscando o momento ideal, o emprego ideal, o parceiro ideal, o peso ideal, para então falarmos "eu sou feliz". A cultura japonesa, por exemplo, valoriza o processo tanto quanto o resultado final, ou seja, cada momento importa. Pedi um *feedback* para uma pessoa no trabalho como forma de mentoria e ele me disse algo que não tinha nada a ver com trabalho, mas achei o máximo: "faça uma refeição com seu parceiro todos os dias, olhe para ele e pergunte como ele está. Aproveite esse momento juntos". Apesar de a felicidade ser um estado, quando olho para trás, apesar dos altos e baixos da vida, estou feliz com quem me tornei. E isso não tem a ver com posses. Estou feliz com quem sou e com quem estou buscando ser. Estou feliz de saber que existe uma imensidão de emoções, e que a tristeza, o ciúme e a raiva fazem parte delas e são bem-vindas, mas só de passagem, não para ficar, porque sou humana. O maior desafio para uma pessoa ansiosa é aproveitar o hoje, porque o amanhã não existe.

Bom, uma coisa que pode ajudar a trazer mais emoções positivas para a vida é estar em estado de *flow*. O que faz a gente ficar em estado de *flow*? Escrever este livro me fez ficar em *flow*. Não sabe o que é *flow*? *Flow* vem do inglês, cuja tradução seria "fluxo" ou "fluidez". Se alguma vez você já se sentiu tão envolvido em uma atividade que perdeu a noção de tempo, sentindo-se completamente concentrado e engajado, provavelmente você experimentou o que o psicólogo Mihaly Csikszentmihalyi chama de "estado de *flow*".

A Teoria do *Flow*, desenvolvida por Mihaly Csikszentmihalyi (2008), é um dos conceitos mais influentes na psicologia positiva. Esse estado mental, frequentemente descrito como "estar no momento" ou "totalmente envolvido", se caracteriza por foco intenso, fusão de ação e consciência, e senso de realização pessoal, ocorrendo quando há um equilíbrio perfeito entre desafios e habilidades. O *flow* é aquela sensação que você tem quando está "na *vibe*", completamente absorvido pelo que está fazendo, seja jogando um videogame, pintando um quadro, programando um software ou até mesmo realizando uma tarefa complexa no trabalho. Durante esses momentos, as distrações desaparecem, o tempo parece distorcido e você se sente em sincronia com a atividade que está realizando.

No entanto, é importante lembrar que o estado de *flow* não é apenas sobre prazer instantâneo. É também um estado que nos ajuda a crescer, a desenvolver nossas habilidades e a atingir nossos objetivos. O *flow* ocorre na fronteira entre o desafio e a habilidade, quando estamos totalmente engajados e constantemente esticando nossas capacidades para lidar com uma tarefa desafiadora.

É por isso que o estado de *flow* é muitas vezes associado à aprendizagem, à criatividade e ao desempenho máximo. A teoria é construída em torno de alguns conceitos-chave que ajudam a entender o que acontece quando entramos nesse estado. Aqui estão alguns dos mais importantes:

- **Equilíbrio entre habilidades e desafios.** O estado de *flow* ocorre quando há um equilíbrio entre as habilidades da pessoa e os desafios da tarefa que está realizando. Se a tarefa for muito fácil, a pessoa pode ficar entediada; se for muito difícil, pode ficar ansiosa. O *flow* acontece quando o desafio é perfeitamente ajustado ao nível de habilidade da pessoa.
- **Imersão total na atividade.** No estado de *flow*, a pessoa se sente completamente envolvida na atividade, com uma concentração tão intensa que pode se perder na tarefa. Distrações externas e preocupações desaparecem, permitindo que a pessoa se concentre totalmente no que está fazendo.
- **Sensação de controle.** Durante o *flow*, as pessoas costumam sentir que têm um controle completo e efetivo sobre suas ações. A sensação de ser capaz de influenciar e direcionar a própria atividade é um elemento-chave para alcançar esse estado.

- **Alteração da percepção de tempo.** Muitas pessoas relatam que sua percepção de tempo é alterada. Horas podem passar como se fossem minutos, já que toda a atenção está voltada para a atividade em mãos.
- **Experiência autotélica.** Csikszentmihalyi descreve a experiência de *flow* como autotélica, isto é, quando realizamos uma atividade com o principal objetivo de apreciá-la. O indivíduo autotélico realiza uma atividade sem o objetivo de alcançar alguma meta externa.
- **Perda da autoconsciência.** No estado de *flow*, a autoconsciência pode diminuir à medida que a pessoa se torna totalmente absorvida pela tarefa. Isso pode levar a uma sensação de transcendência, como se a pessoa estivesse se fundindo com a atividade.

Pessoas que experimentam regularmente o estado de *flow* tendem a relatar níveis mais elevados de bem-estar e satisfação com a vida. Quando estamos totalmente engajados em uma tarefa, podemos realizar mais em menos tempo. Isso é particularmente relevante no local de trabalho, onde o *flow* pode levar a um aumento do desempenho e da eficiência.

Compreender como acessar e manter o estado de *flow* é, portanto, visto como um caminho fundamental para desfrutar das atividades em que nos engajamos. Isso envolve o reconhecimento das condições que propiciam o *flow* e a habilidade de criar e sustentar essas condições em diversos aspectos da vida, desde o trabalho até o lazer.

Nossa consciência pode ser manipulada para alcançar o *flow*. Nossa atenção é um recurso limitado e a qualidade de nossa experiência depende de como direcionamos essa atenção. Para que o *flow* seja uma ocorrência regular no ambiente de trabalho, é essencial criar um espaço que favoreça a concentração e a imersão. Isso inclui um ambiente físico tranquilo e organizado, bem como uma cultura que valorize o tempo focado, sem interrupções desnecessárias.

A vida no trabalho está repleta de interrupções inesperadas que podem quebrar nosso estado de *flow*, desde um colega de trabalho que sempre aparece para conversar no momento mais inoportuno até interrupções tecnológicas. Algumas técnicas podem ser adotadas para cultivar o *flow* em suas rotinas de trabalho, como o método Pomodoro, que envolve trabalhar em blocos de tempo focados seguidos de breves intervalos. Essa técnica ajuda a manter o foco e a energia. Além disso, desativar notificações de celular (ou colocá-lo em modo foco), e-mail, Teams e estabelecer pequenos objetivos diários que conduzem a um objetivo maior pode proporcionar um senso claro de direção e progresso. Mas não encha sua agenda, porque todo dia temos imprevistos. Deixe espaço livre para os pepinos, caso contrário você só ficará mais ansioso por não ter cumprido a atividade do dia.

Profissionais que encontram satisfação e crescimento pessoal em suas carreiras destacam a importância de transformar o trabalho em uma atividade autotélica. A estrutura do ambiente de trabalho e a natureza das tarefas podem ser ajustadas para promover o *flow* entre os funcionários. Atividades diárias simples, como cozinhar ou jardinagem, podem ser fontes de *flow*. É importante encontrar prazer e significado nas pequenas coisas, o que contribui para uma vida mais rica e satisfatória.

Em resumo, três fatores são cruciais para facilitar o estado de *flow* no trabalho: autonomia, desafios equilibrados e objetivos claros. Autonomia permite que os indivíduos escolham como e quando realizar suas tarefas. Desafios equilibrados garantem que as tarefas não sejam nem muito fáceis nem excessivamente difíceis, mantendo o interesse e o estímulo. Objetivos claros ajudam a direcionar o foco e a manter o engajamento contínuo.

Para finalizar, buscar a felicidade como um objetivo de vida só gera estresse. Elaborar e falar das suas emoções é muito importante para melhorar sua inteligência emocional. Além disso, se engajar regularmente em atividades que induzem ao *flow* pode ter efeitos profundos, não apenas aumentando a produtividade e a eficiência, mas também melhorando a satisfação no trabalho e a saúde mental. Estar no *flow* reduz o estresse, pois as preocupações típicas do dia a dia são temporariamente colocadas de lado.

E, como de costume, para refletirmos:

- Quão satisfeito você está com sua vida?
- Você sente mais emoções positivas do que negativas?
- Você seria seu amigo, ou se relacionaria com você mesmo?
- O que faz você entrar em estado de *flow*? E não vale ser TikTok, *stories*, *reels*, etc.; precisa ser algo que o desafie e desenvolva.

"Ser bem-sucedido
significa estar satisfeito
com a vida que se leva."

CAPÍTULO 10

Significado do sucesso

O significado da palavra "sucesso" é claro: bom resultado, êxito, triunfo. No entanto, o conceito de sucesso é um dos temas mais abrangentes e subjetivos. A palavra "sucesso" carrega um peso enorme em nossa sociedade. Tradicionalmente, é associada à escalada de cargos corporativos, à acumulação de riqueza ou ao reconhecimento público. É aí que mora o perigo. Ainda hoje, preciso me questionar o tempo todo se estou buscando ou fazendo algo porque é um desejo meu ou porque isso é o que "as pessoas" ou a sociedade esperam de mim. Acredito que as novas gerações vêm quebrando essas métricas convencionais de sucesso, mas ainda vejo como a carreira e o trabalho estão altamente ligados a se ter sucesso.

Quando nos apresentamos a alguém novo, sempre falamos nosso nome e o que fazemos. Se não falamos, é a próxima pergunta que vem. Nesta minha fase de ressignificar minha vida, onde o trabalho não é meu único pilar, passei a não falar meu cargo quando me apresento. Se alguém me pergunta o que faço, apenas digo onde trabalho. Eu não quero que meu cargo me defina, afinal, eu estou nele, eu não sou ele. Tenho pavor de pensar que posso me tornar aquelas pessoas que vivem infelizes em uma empresa ou um cargo, mas não trocam porque "imagina as pessoas pensarem que regredi na minha carreira". Que loucura é essa de pessoas imaginárias ditarem para nós qual cargo devemos ter, qual casa devemos ter, qual padrão de vida devemos ter para sermos bem-sucedidos? Isso diz mais sobre nosso egocentrismo do que sobre o outro. Quando você está à vontade com suas escolhas, "as pessoas" não existem.

Quando eu era estagiária, o coordenador da minha área ia sair para trabalhar em outra empresa, então a vaga dele abriu e uma mulher que era mais sênior foi convidada para o posto e recusou. Eu fiquei indignada e perguntei para ela por que ela disse não. Ela respondeu: "não vou ganhar muito mais do que ganho, vou ter mais estresse e responsabilidade, e não quero isso para a minha vida, quero ter mais tempo para mim e minha família". Achei aquilo um absurdo por muitos anos, mas hoje eu entendo completamente. Ser bem-sucedido significa estar satisfeito com a vida que se leva.

Cada um possui uma visão única do que significa ser bem-sucedido, moldada por suas experiências, valores e aspirações pessoais. Ter sucesso na vida é uma conquista pessoal que pode ter diferentes significados para cada pessoa e pode ser: fazer o seu melhor, alcançar metas pessoais, ser autêntico e íntegro, conseguir manter equilíbrio entre vida pessoal e profissional, contribuir para o bem comum, superar adversidades, ser uma pessoa focada em aprendizado contínuo, manter relacionamentos significativos, estar com saúde e se sentir bem, conseguir liberdade financeira, ser um líder mesmo sem ter um cargo e ser uma influência positiva. Há infinitas maneiras de se ter sucesso, e não se limita apenas à carreira.

O reconhecimento e a validação também desempenham um papel importante no sucesso. Ser reconhecido pelos outros por suas habilidades, talentos e contribuições pode proporcionar um impulso significativo para o crescimento pessoal e profissional, mas é crucial diferenciar validação externa de autovalidação. Enquanto o *feedback* positivo de outras pessoas pode ser motivador, a autovalidação, a capacidade de se sentir bem consigo mesmo sem depender da aprovação externa, é vital para um senso de sucesso duradouro.

Certa vez, uma pessoa do alto escalão da empresa me chamou e perguntou quais eram meus planos para o futuro em termos de carreira. Eu juro que no momento pensei: "largar tudo e viver escrevendo livros, talvez encontrar um emprego meio período na Europa em uma biblioteca ou em um café para viajar mais", mas achei de bom tom não compartilhar isso. Apenas disse que não havia pensado em nada a longo prazo. Então ele disse que poderíamos fazer um plano de sucessão para eu chegar em alguns anos a ser CEO da empresa.

Acho que aos meus 20 anos eu iria pensar: venci na vida! Mas olhei para ele com um certo pânico. Claro, fiquei lisonjeada de ser considerada para uma posição importante, e ainda teve o fato de que ele me mostrou a foto de trinta CEOs das principais empresas da Alemanha e havia apenas uma mulher. Com isso, me bateu o peso na consciência: passei uma vida reclamando da falta de mulheres em posições estratégicas nas empresas e quando chega minha vez de mudar as estatísticas, eu simplesmente falo: "não, obrigada, estou exausta".

Enfim, deixei todas as portas abertas. Acho que há muitas vidas possíveis, e inclusive posso ter várias ao mesmo tempo. Gosto de pensar que a vida é uma série e em cada temporada há reviravoltas, "*plot twists*", pessoas que entram, pessoas que saem, e a temporada pode acabar de infinitas maneiras, não necessariamente feliz e com sucesso, porque na seguida vem outra temporada e podemos recomeçar, refazer e reinventar. O ponto é que não importa se sou diretora, CEO, empresária, atendente de um café ou dona de casa, o que importa para mim para eu ter sucesso é eu poder escolher porque está de acordo com o que eu quero naquele momento e não porque vai ficar bonito no LinkedIn ou porque estou presa a uma causa que acho importante. A gente se apega muito a um nome no crachá. Trabalhei em mais de uma empresa onde havia liderados que ganhavam o mesmo ou mais que eu no início, então não se pode falar que é só por dinheiro – é por status também. Queremos ser aceitos, queremos ser amados, e o status nos dá essa chancela. Acontece que isso é um prazer momentâneo e é arriscado, porque se mudam seu cargo ou se você é demitido, você perde sua identidade. Percebo que estamos mais focados em TER do que em SER.

O empreendedor e filósofo Jim Rohn enfatizou a importância de seguir nosso próprio plano de vida: "Se você não tiver o seu próprio plano de vida, é provável que acabe seguindo o plano de outra pessoa" (MARQUES, 2023). Descobrir o que o sucesso significa para nós mesmos é essencial para uma jornada significativa e satisfatória. Essa reflexão interna aumenta nossa autoconsciência e nos capacita a fazer escolhas alinhadas com nossos valores e desejos autênticos.

Para alcançarmos o sucesso no dia a dia profissional, é necessário ter a capacidade de aprender com os erros e manter um aprendizado contínuo. Além disso, o sucesso raramente é alcançado sozinho, pois somos seres sociais por natureza. A colaboração e o suporte de outros são essenciais para alcançar grandes realizações.

Vai ser bom pro seu desenvolvimento!

A estabilidade financeira é outro componente do sucesso. A relação entre sucesso e independência financeira é evidente, pois a segurança financeira permite que as pessoas se concentrem em alcançar seus objetivos sem as preocupações constantes com o dinheiro. Por isso, sou uma grande pregadora da educação financeira.

E para ter a energia e a vitalidade necessárias para perseguir e alcançar objetivos, ter saúde e disposição é básico. Mas isso você já deve estar cansado de escutar: a alimentação e o exercício precisam deixar de ser tratados como punição. Se você é um líder, sei bem que sua rotina não foi feita para você virar muso ou musa *fitness* (exceto se você é líder de alguma atividade relacionada a isso). Eu sempre digo: já passei da fase de querer ter um corpo sarado, já estou na fase de trabalhar na terapia a aceitação e receber as rugas e a velhice de braços abertos. Porém, assim como dinheiro, que se você não começar a poupar hoje não vai ter para o futuro, o mesmo acontece com os músculos. No futuro, a conta não vai fechar, por isso precisamos começar hoje para poder conseguir sentar no vaso sanitário sem ajuda lá na frente. Faça as pazes com o exercício!

Além disso, o autocuidado não deve ser negligenciado; dedicar tempo para relaxar, refletir, fazer nada e se recarregar é vital para manter a produtividade e a criatividade. Bronnie Ware, uma enfermeira australiana especializada em cuidados paliativos, escreveu *The Top Five Regrets of the Dying* (2012) com base em suas experiências com pacientes terminais. No livro, ela compartilha as lições de vida que aprendeu ao cuidar de pessoas nos seus últimos dias. Os cinco maiores arrependimentos que ela identificou são:

1. **Gostaria de ter tido a coragem de viver uma vida verdadeira para mim, não a vida que os outros esperavam de mim:** muitas pessoas percebem, no final de suas vidas, que não realizaram seus sonhos e viveram conforme as expectativas dos outros.
2. **Gostaria de não ter trabalhado tanto:** este arrependimento é comum entre os homens que sentiram que perderam tempo precioso com suas famílias por causa do trabalho excessivo.

3. **Gostaria de ter tido a coragem de expressar meus sentimentos:** muitas pessoas reprimiram seus sentimentos para manter a paz com os outros, resultando em um ressentimento que afetou suas vidas.
4. **Gostaria de ter mantido contato com meus amigos:** na correria da vida, muitas vezes as amizades foram negligenciadas e, no fim, as pessoas se arrependem de não terem dedicado mais tempo a seus amigos.
5. **Gostaria de ter me permitido ser mais feliz:** muitas pessoas ficaram presas a velhos padrões e hábitos, sem perceber que poderiam ter sido mais felizes se tivessem se permitido.

Por isso, reflitam sobre suas escolhas e prioridades enquanto ainda há tempo para fazer mudanças.

- Quem você é sem seu cargo?
- Quem é você sem seus bens materiais?
- Você está vivendo uma vida verdadeira para você, ou a que os outros esperavam?
- Como está a sua vida social e o contato com seus amigos?
- Como está elaborando e expressando seus sentimentos?
- Você se permite ser feliz?
- Quando você se deita para dormir, está em paz com a sua consciência?

Se mesmo sem seu crachá você continua sendo uma pessoa interessante e em paz com a sua consciência, isso sim é um baita sucesso.

"Se, mesmo sem seu crachá você continua sendo uma pessoa interessante e em paz com a sua consciência, isso sim é um baita sucesso."

CAPÍTULO 11

Não há encerramento quando se trata de liderança

Eu queria encerrar este livro com uma frase de impacto ou motivacional, mas isso não seria fiel ao que acredito. Como já disse anteriormente, liderança é uma maratona sem linha de chegada. Quando se trata de liderança, não há encerramento; é um constante aprendizado. Você pode ler muito e se preparar para o hoje, mas, se parar por aí, em poucos anos surgirá outra geração, outra tecnologia ou outra forma de gestão e você poderá ficar obsoleto. Por isso, nunca pare de aprender e de se interessar pelo novo, tenha repertório. Mesmo que você se aposente ou faça uma transição e deixe de ser chefe, você nunca deixará de ser líder. As pessoas que o acompanham ainda terão você como referência, e suas ações ainda vão pautar as ações de outras pessoas, quer você queira ou não.

Portanto, reflita sobre o que discutimos neste livro: como você está se posicionando como líder e, mais importante, como você gostaria de se posicionar. Busque isso diariamente. Na minha percepção, mais importante que ser perfeito é se perceber imperfeito, porque todos sabemos que a perfeição não existe. A habilidade de se perceber é uma dádiva que exige prática, e só com isso você pode evoluir sem se sentir culpado.

Se você está cansado, descanse. Cobre-se menos, seja você, saiba seus valores e seus limites, faça uma reserva financeira e seja humano. Eu não abordei neste livro alguns aspectos que deixam um líder ainda mais sobrecarregado emocionalmente, pois sou uma mulher branca heterossexual. Ser mulher e líder é uma barra, mas escolhi não focar tanto nisso nesse momento, talvez eu precise de mais letramento sobre o tema. Também não abordei a maternidade, pois não sou mãe e não tenho essa visão. Mas gostaria de deixar aqui minha profunda admiração por aquelas que são. Independentemente de você ter ou não um cargo de gestão, você já é uma líder e uma inspiração para seu filho. A jornada para você é muito mais cansativa.

Vai ser bom pro seu desenvolvimento!

Na minha carreira, conheci muitas mulheres excepcionais, mães e em cargo de gestão, e sou grata de viver em um mundo onde podemos escolher se queremos ser mães, empresárias, ter cargos de gestão ou optar por ter e ser tudo. Para quem diz que o mundo está cada vez pior, não está não. Minha bisavó não teve essa escolha, e eu tenho.

Espero que as histórias compartilhadas aqui tenham inspirado você, independentemente de onde esteja em sua própria jornada de liderança. Obrigada por ficar até aqui e lembre-se que isso **Vai Ser Bom...pro seu desenvolvimento**!

"Por definição, a felicidade é um estado emocional. Portanto, a felicidade é um estado, ou seja, é uma emoção sentida em determinado espaço de tempo. Então, por que buscamos ser felizes 24 horas por dia?"

CAPÍTULO 12

A teoria eu já sei, o problema é a prática

Se você leu até aqui, já sabe que meu propósito é impactar positivamente as pessoas que cruzam meu caminho. Quando me tornei líder, tive muitas dúvidas e dificuldades e, à medida que fui crescendo na carreira, me senti cada vez mais solitária. Em conversas e sessões com minha amiga e especialista de carreira, Adriana Urahata, fui aprendendo ferramentas e participando de discussões que me ajudaram a entender melhor o processo de liderança, tornando a trajetória menos desafiadora. Métodos, livros e guias passo a passo podem tirar você da inércia, mas acredito que apenas uma pessoa pode realmente saber o que é melhor para você: VOCÊ MESMA!

No entanto, sei que, às vezes, estamos tão sobrecarregados por estímulos internos e externos que não sabemos por onde começar ou até mesmo para onde estamos indo. Por isso a melhor ferramenta que você pode desenvolver é a análise crítica. Para exercitar essa habilidade, é essencial ter alguém que desafie você, encoraje reflexões profundas e estimule novos pensamentos e perspectivas.

Vai ser bom pro seu desenvolvimento!

Se você precisa de suporte para conduzir reflexões de maneira crítica e estruturada, colocar a teoria em prática e definir como deseja se posicionar como líder, me envia um e-mail no <contato@vaiserbom.com.br>. Convido você também a acessar o QR code ou o link <https://linktr.ee/vaiserbompodcast>.

Se você gostou deste livro, deixe seu comentário ou envie um *direct* no Instagram **@vaiserbompodcast**. Você também pode postar uma foto no seu Instagram ou LinkedIn e nos marcar. Vou adorar interagir com você por lá!

REFE RÊN CIAS

ALTRABSHEH, E. et al. The Road to Explainable AI in GXP-Regulated Areas. **Pharmaceutical Engineering**, Jan./Feb. 2023. Disponível em: <https://ispe.org/pharmaceutical-engineering/january-february-2023/road-explainable-ai-gxp-regulated-areas>. Acesso em: 23 ago. 2024.

BORGO, É. Odisseia Criativa: as joias do infinito da vida real. Curso. Disponível em: <https://ericoborgo.com.br/curso/>. Acesso em: 27 ago. 2024.

BROWN, B. **Atlas do Coração:** mapeando um caminho para a conexão verdadeira e a compaixão. Rio de Janeiro: Sextante, 2021.

BURKE, J. Por que para algumas pessoas é geneticamente mais difícil ser feliz. **BBC News Brasil,** 07 dez. 2021. Disponível em: <https://www.bbc.com/portuguese/internacional-59524355>. Acesso em: 23 ago. 2024.

COLAFEMINA, M. Gerações no trabalho: as habilidades e pontos fracos de cada uma. **Forbes,** 29 abr. 2022. Disponível em: <https://forbes.com.br/carreira/2022/04/geracoes-no-trabalho-as-habilidades-e-pontos-fracos-de-cada-uma/>. Acesso em: 23 ago. 2024.

CORTELLA, M. S. **A sorte segue a coragem!:** oportunidades, competências e tempos de vida. São Paulo: Planeta, 2018.

CRAIG, N.; SNOOK, S. A. From Purpose to Impact. **Harvard Business Review Magazine,** May 2014. Disponível em: <https://hbr.org/2014/05/from-purpose-to-impact>. Acesso em: 23 ago. 2024.

CSIKSZENTMIHALYI, M. **Flow:** the psychology of optimal experience. New York, NY: Harper Perennial, 2008.

ENGIDAW, A. E. The effect of motivation on employee enganement in public sectors: in the case of North Wollo zone. **Journal of Innovation and Entrepreneurship,** 10, 43, Nov. 2021. Disponível em: <https://innovation-entrepreneurship.springeropen.com/articles/10.1186/s13731-021-00185-1>. Acesso em: 23 ago. 2024.

Vai ser bom pro seu desenvolvimento!

FASANELLA, C. Como criar uma reserva de emergência? [GUIA COMPLETO]. **Nomad,** 19 ago. 2024. Disponível em: <https://www.nomadglobal.com/conteudos/reserva-de-emergencia>. Acesso em: 23 ago. 2024.

GENIAL INVESTIMENTOS. Você sabe o que é e como fazer uma reserva de emergência? **Genial Blog,** 08 ago. 2023. Disponível em: <https://blog.genialinvestimentos.com.br/reserva-de-emergencia/>. Acesso em: 23 ago. 2024.

MARQUES, J. R. Afinal, o que é sucesso para você? **Instituto Brasileiro de Coaching,** 24 fev. 2023. Disponível em: <https://www.ibccoaching.com.br/portal/metas-e-objetivos/afinal-o-que-e-o-sucesso-para-voce/>. Acesso em: 23 ago. 2024.

OJI EDITORIAL STAFF. Press Release: American Workers are Anxious, Losing Sleep and Considering Jumping Ship Due to Unprepared First-Time Managers. **Oji,** July 17, 2023. Disponível em: <https://ojilifelab.com/press/press-release-oji-leadership-poll-finds-skills-deficit-in-new-managers>. Acesso em: 23 ago. 2024.

PRADO, A. Liderança tem dificuldade em conduzir diferentes gerações, aponta pesquisa. **LinkedIn,** 13 nov. 2023. Disponível em: <https://www.linkedin.com/news/story/lideran%C3%A7a-tem-dificuldade-em-conduzir-diferentes-gera%C3%A7%C3%B5es-aponta-pesquisa-6470922/> Acesso em: 23 ago. 2024.

RASOOL, S. F. et al. How Toxic Workplace Environment Effects the Employee Engagement: the mediating role of organizational support and employee wellbeing. **International Journal of Environmental Research and Public Health,** vol. 18, n. 5, 2021. Disponível em: <https://www.mdpi.com/1660-4601/18/5/2294>. Acesso em: 23 ago. 2024.

REDAÇÃO EXAME. 3 ferramentas de inteligência artificial que economizam 13 horas por semana de líderes e gestores. **Exame,** 06 jun. 2023. Disponível em: <https://exame.com/carreira/chatgpt-3-ferramentas-de-inteligencia-artificial-que-fazem-lideres-economizarem-13-horas-por-semana/>. Acesso em: 23 ago. 2024.

SAKATE, M. Estudo revela o que mais motiva as pessoas no trabalho no país. E não é dinheiro. **Bloomberg Línea,** 22 nov. 2023. Disponível em: <https://www.bloomberglinea.com.br/negocios/estes-fatores-sao-os-que-mais-engajam-as-pessoas-no-trabalho-e-nao-e-dinheiro/>. Acesso em: 23 ago. 2024.

SCHWANTES, M. 7 Effective Ways to Deal with a Toxic Workplace Before You Quit Your Job. **Inc.,** June 29, 2023. Disponível em: <https://www.inc.com/marcel-schwantes/7-effective-ways-to-deal-with-a-toxic-workplace-before-you-quit-your-job.html>. Acesso em: 23 ago. 2024.

TED. Amy Cuddy: sua linguagem corporal molda quem você é. **YouTube,** 01 out. 2012. Disponível em: <https://www.youtube.com/watch?v=Ks-_Mh1QhMc>. Acesso em: 23 ago. 2024.

WALKER, L. E. **The Battered Woman Syndrome.** New York, NY: Springer Publishing Company, 1984.

WARE, B. **The Top Five Regrets of the Dying:** a life transformed by the dearly departing. Carlsbad, CA: Hay House, 2012.

SOBRE A BRASPORT

Somos referência há 29 anos em livros de tecnologia, gestão e carreira.

Consulte nosso catálogo em **www.editorabrasport.com.br**

Nossas publicações estão disponíveis não apenas em livrarias físicas, Amazon e eventos, mas também em uma plataforma digital com 4 milhões de assinantes em 900 universidades e empresas.

Você sonha em lançar seu próprio livro? Envie sua proposta para avaliação do nosso conselho editorial e faça parte dessa história de sucesso.

administrativo@brasport.com.br